管道腐蚀分析与防护检测研究

何毅 陈丽 范毅 郭睿 著

GUANDAO FUSHI FENXI
YU FANGHU JIANCE YANJIU

四川大学出版社

图书在版编目（CIP）数据

管道腐蚀分析与防护检测研究 / 何毅等著. — 成都：四川大学出版社，2023.11
ISBN 978-7-5690-5313-5

Ⅰ. ①管… Ⅱ. ①何… Ⅲ. ①管道腐蚀②管道防腐 Ⅳ. ①U177

中国版本图书馆 CIP 数据核字（2022）第 009943 号

书　　名：	管道腐蚀分析与防护检测研究
	Guandao Fushi Fenxi yu Fanghu Jiance Yanjiu
著　　者：	何　毅　陈　丽　范　毅　郭　睿
选题策划：	王　睿
责任编辑：	王　睿　周维彬
责任校对：	王　静
装帧设计：	墨创文化
责任印制：	王　炜
出版发行：	四川大学出版社有限责任公司
	地址：成都市一环路南一段 24 号（610065）
	电话：（028）85408311（发行部）、85400276（总编室）
	电子邮箱：scupress@vip.163.com
	网址：https://press.scu.edu.cn
印前制作：	成都墨之创文化传播有限公司
印刷装订：	四川煤田地质制图印务有限责任公司
成品尺寸：	185mm×260mm
印　　张：	10.25
字　　数：	221 千字
版　　次：	2023 年 11 月 第 1 版
印　　次：	2023 年 11 月 第 1 次印刷
定　　价：	68.00 元

本社图书如有印装质量问题，请联系发行部调换

版权所有 ◆ 侵权必究

扫码获取数字资源

四川大学出版社
微信公众号

前　言

随着能源需求的不断增加，管道运输因其经济、安全、高效的特点，已成为石油、天然气等能源运输方面的主要运输方式之一，在当今社会发展中发挥举足轻重的作用。但由于油气管道的埋设环境复杂及土壤性质差别大、运行压力大等因素，随着运行时间增长，管道失效事故屡屡发生。一旦管道发生泄漏，易引发火灾或爆炸等事故，对周围环境造成严重破坏。随着油气管道老化程度的加深和数量的增多，油气管道的安全运行和风险评价工作面临着新的挑战。如何科学、有效地进行管道腐蚀防护，预测管道腐蚀程度，已成为储运行业管理中的主要研究方向。

本书共分为七章，通过对管道腐蚀失效进行深入分析，提出防护对策，从而提升能源运输效率，促进社会发展。第一章主要以管道腐蚀失效机理为基础，分析管道腐蚀失效的关键影响因素，并对不同环境（如海底管道腐蚀、埋地管道腐蚀）中的管道腐蚀特点进行简要分析；第二章主要对管道风险进行评估，通过对比各种风险评估方法，确定了适合管道安全的定性与定量结合的风险评价方法，避免管道事故带来的损失，提高企业的安全管理水平；第三章主要对管道腐蚀速率进行预测，提出了建立内腐蚀速率预测指标体系；第四章主要对埋地管道腐蚀防护与评价方法进行分析探讨；第五章主要对海底管道防腐检测技术与防腐状态评估进行探讨，对海底管道防腐状态进行准确、有效的检测对保障海底管道安全运行及预防管道失效事故的发生具有重要意义；第六章主要对管道腐蚀剩余寿命进行预测，并设计了管道剩余寿命预测系统模型；第七章对管道腐蚀防护措施探索性地提出相应的对策，设计全面有效的防腐方案，从而有效地延缓管道的腐蚀。

由于管道所处环境的复杂性，再加上铺设方式不同，因此，防腐的要求也不尽相同。本书的分析探讨难免有疏漏和不尽完善之处，恳请广大读者批评指正。

著　者

目 录

第一章 管道腐蚀失效机理 … 1
第一节 管道腐蚀基本概述 … 1
第二节 埋地管道腐蚀基本概述 … 6
第三节 海底管道腐蚀失效因素概述 … 12

第二章 管道风险的评估 … 17
第一节 管道风险评价相关概述 … 17
第二节 管道风险评价中管道风险失效因素权重 … 22

第三章 管道腐蚀速率预测 … 35
第一节 埋地管道腐蚀速率预测 … 35
第二节 海底管道内腐蚀速率预测指标 … 47

第四章 埋地管道腐蚀防护与评价方法 … 66
第一节 埋地管道腐蚀防护基本概述 … 66
第二节 埋地管道腐蚀防护检测技术与评价 … 86

第五章 海底管道防腐检测技术与防腐状态评估 … 106
第一节 海底管道腐蚀防护基本概述 … 106
第二节 海底管道腐蚀防护检测技术与状态评估 … 110

第六章 管道腐蚀剩余寿命预测 … 126
第一节 管道腐蚀剩余寿命预测参数分析 … 126
第二节 管道剩余寿命预测系统设计 … 133
第三节 埋地管道与海底管道剩余寿命预测 … 141

第七章 管道腐蚀防护措施与对策 … 148
第一节 管道腐蚀检测维修方案的确定 … 148
第二节 海底管道腐蚀防护管理 … 150

参考文献 … 154

第一章 管道腐蚀失效机理

目前，管道是国民经济基础设施的重要组成部分，管道运输则是能源运输最安全、最适合的方式，但其完整性受到电化学腐蚀的严重威胁，即我们常说的管道腐蚀。管道腐蚀是由管道材料及其相关系统与服务环境相互作用而导致的。管道腐蚀及故障导致的潜在维修和监测每年给世界经济造成数十亿美元的经济损失。

本章主要介绍管道腐蚀的类型、管道腐蚀的机理、腐蚀管道疲劳应力失效机理以及管道腐蚀的腐蚀增长。

第一节 管道腐蚀基本概述

一、管道腐蚀类型

在管道运输中，管道除了运输介质中含有酸、碱、盐及其他腐蚀性物质，还会裸露于日晒雨淋的露天环境之中，因此容易发生腐蚀反应。管道腐蚀的成因如图1-1所示。腐蚀造成的设备损坏极易引发安全事故，每年因各类腐蚀所造成的经济损失占总全球GDP（Gross Domestic Product，GDP）的3‰～4‰，如何延缓管道腐蚀并对管道进行维护已经成为工业生产和管道运输行业的重要课题之一。

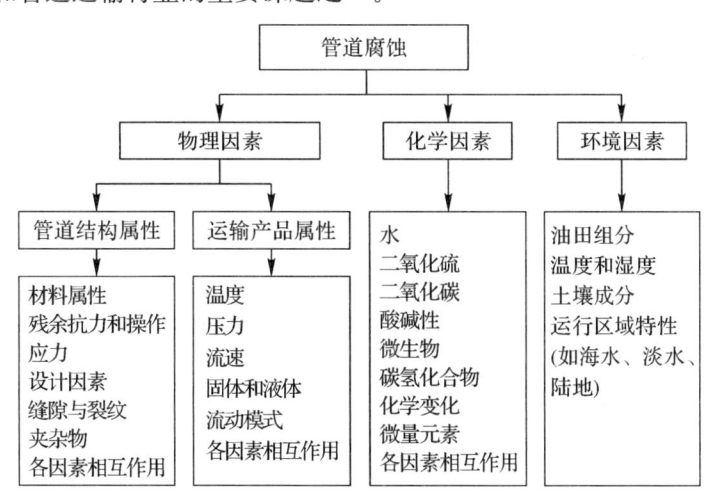

图 1-1 管道腐蚀的成因

常见管道腐蚀类型主要有以下几种。

（一）均匀腐蚀

管道表面材料均匀腐蚀导致管壁连续变薄，当管壁过度变薄会导致管道泄漏或破裂。对于石油和天然气输送管道，均匀腐蚀可能发生在管道的外部和内部管道表面。均匀腐蚀速率是通过测量每年的腐蚀坑深度得到的。通过选择合适的材料并结合防腐蚀方法如阴极保护以及表面涂层，可以减轻甚至防止外管表面劣化；对于管道内腐蚀，材料的合理选用和化学抑制剂使用可防止或降低腐蚀速率。尽管如此，由于阴极保护不足和管道表面涂层差，均匀腐蚀仍然可能发生。

（二）点腐蚀

点腐蚀是油气输送管道最常见的腐蚀类型。它由于管道表面区域的局部严重退化导致管道表面形成空洞或凹坑，并可能发生在外部和内部管道表面的一处或两处。在某些情况下，凹坑可以刺穿管壁导致管道破损。点腐蚀本质上是随机发生的，原因主要有以下几种：管道材料缺陷或表面缺陷；保护性钝化膜的机械损伤；侵略性的化学物质，如氯化物的渗透；材料选择不当等。

点腐蚀可以通过为特定的服务环境选择合适的管道材料进行防止，此外，利用阴极保护也可以减少点腐蚀。

（三）气蚀和侵蚀腐蚀

对管道而言，当流体的工作压力降到蒸汽压力以下时，导致在管道内表面形成塌陷的气袋和气泡，从而内部管道表面会出现气蚀损坏，同时也会导致侵蚀腐蚀。在不同的操作条件下，管道部件如泵、排出管、弯头、三通或过渡接头都易发生这类损伤。此外，在高压下，气蚀、侵蚀腐蚀以及二者的结合会导致非常严重的点腐蚀。基于此，通过仔细设计流体压力梯度，避免液体蒸汽压力范围内的压降，防止气穴现象的发生；涂层也可以降低材料损失率；还可以通过选择耐磨材料来防止或减少气蚀和侵蚀腐蚀。

此外，引起管道腐蚀的因素如杂散电流、微生物、海洋生物及海水盐度等，将会在后面章节中详细阐述。

二、管道腐蚀增长模型

腐蚀将导致管道老化和使用寿命缩短，甚至威胁着石油和天然气运输管道的安全，因此对腐蚀增长进行预测及对管道有针对性地检查、维修是确保管道系统安全的重要工作。早期，腐蚀管道剩余使用寿命评估主要采用确定性方法，但现在人们普遍认识到管道腐蚀过程和管道工作环境中存在固有的不确定性，因此对管道使用寿命的预测采用概率方法比确定性方法更为有效。

基于概率的管道使用寿命预测方法已有大量文献报道。在这些研究中，一般把腐蚀过程看成随机不确定性问题，并把管道腐蚀增长预测作为当前管道使用寿命预测的重要内容。现有研究已提出许多实用的腐蚀增长模型，较为典型的包括线性随机变量腐蚀增长模型、线性随机过程腐蚀增长模型、非线性随机变量腐蚀增长模型和非线性随机过程腐蚀增长模型。这四种模型的具体内容如下。

（一）线性随机变量腐蚀增长模型

线性随机变量腐蚀增长模型在现有研究中广泛采用。在模型中，腐蚀缺陷的增长率用 v_D 表示，且 v_D 是一个随机变量，缺陷深度在 $t > t_0$ 的时间内用下式表示

$$D_{\max}(t) = D_0 + v_D t \tag{1-1}$$

式中，

t_0——第一次检测（腐蚀深度测量）的时间；

D_0——第一次检测时缺陷深度且为随机变量。

需要特别注意，不是 D_0 和 v_D，而是 $D_{\max}(t)$ 明确出现在极限状态函数中。严格地说，使用公式（1-1）得到的缺陷深度被称为参数随机过程。然而，由于只有随机变量用来描述随机腐蚀生长，因此像公式（1-1）这样的模型通常被称为腐蚀增长的随机变量模型，其腐蚀深度呈均值线性增长。人们采用这种线性随机变量模型的原因在于该模型简单且容易根据有限的腐蚀数据（如只进行两次腐蚀测试）实现操作。但这种线性随机变量模型存在诸多局限：

第一，线性随机变量模型是（可能过于）保守模型，因为有充分的证据表明，腐蚀增长率遵循一个小于 1 的功率时间。

第二，线性随机变量模型将导致腐蚀缺陷的标准差高度非线性增长。

第三，线性随机变量模型会有强烈的物理反应，因为它不能被用来增加缺陷的回零时间。

第四，线性随机变量模型不能代表腐蚀增长在时间上的内在变化率。

线性随机变量腐蚀速率模型使平均缺陷尺寸的线性增长，如对式（1-1）应用期望值算子 $E[\cdot]$ 得到

$$E[D_{\max}(t)] = E[D_0] + E[v_D]t \tag{1-2}$$

然而，线性随机变量模型却会导致缺陷尺寸标准偏差的高度呈非线性变化，应用方差算子 $Var(\cdot)$ 得到

$$\sigma_{D_{\max}}(t) = \sqrt{Var[D_{\max}(t)]} = \sqrt{\sigma_{D_0}^2 + (\sigma_{D_0})^2 t^2} \tag{1-3}$$

当腐蚀增长表示为关于时间的幂函数时，由此可以观察到，它的幂次总是小于 1 的。因此，当像公式（1-1）一样的一次幂函数在线性模型中使用且向外推广使用时，它们必然是收敛的。例如，计算时间小于 t_0 或大于假设的第二次检验时间的缺陷尺寸。实际上，如果线性模型向后投射，时间 t_0 通常为负值。因此，腐蚀增长的线性模型严重地破坏了问题的内在物理机制。

(二) 线性随机过程腐蚀增长模型

为了解释腐蚀增长在时间上的变化，Yuan 等提出用一个固定增量的伽马过程表示时间的累积退化。[①] 这种模型存在一个缺点，就是退化的样本路径在时间上是不连续的，除非在微观层面上，否则是不连续的。

为了构造一个更真实的模型，这里就以 Bazan 提出的观点为基础，同时借用了以泊松平方波过程为模型的缺陷增长率模型，它有固定的和独立的增量（脉冲高度）。这将导致缺陷在时间上持续的增长，并将适当考虑时间的变化。在该模型中，缺陷增长率 v_D 符合泊松方波过程。典型的泊松方波过程的实现如图 1-2 所示。在该方法中，脉冲高度（Y_i）和持续时间（$t_{bi} = t_{i+1} - t_i$）均为随机变量。根据泊松过程理论，将脉冲持续时间表示为带参数 λ 的指数随机变量。

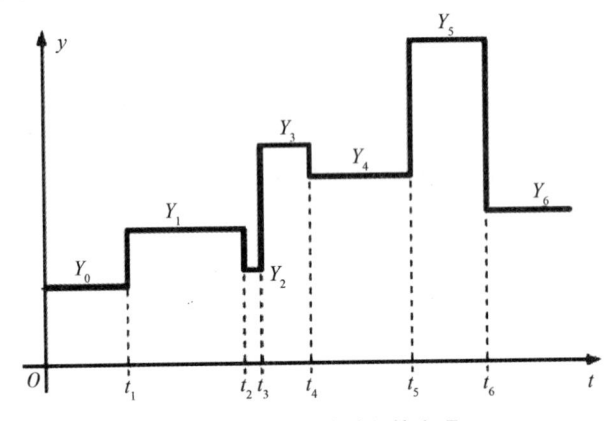

图 1-2　泊松方波过程的实现

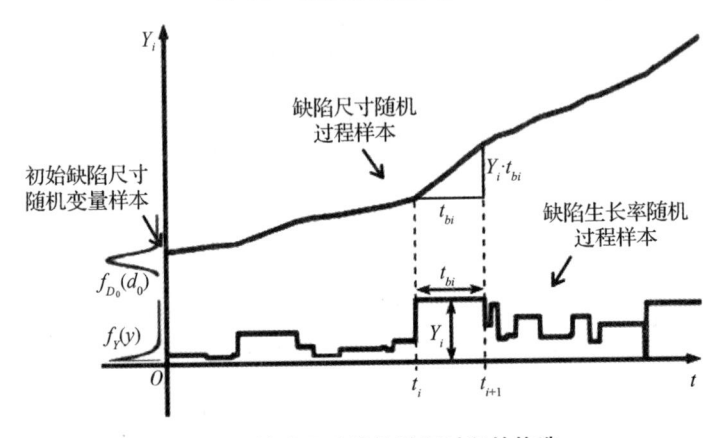

图 1-3　缺陷尺寸线性随机过程的构造

图 1-3 是缺陷尺寸线性随机过程的构造，从初始（随机的）缺陷尺寸 D_0 和缺陷增长参数（λ、u_Y 和 σ_Y）的基础上，建立了表征缺陷尺寸 $D_{max}(t)$ 的随机过程。对于每个脉冲

[①] Yuan X X, Pandey M D, Riznic J. A stochastic model for piping failure frequency analysis using OPDE data [J]. Journal of Engineering for Gas Turbines & Power, 2009, 131 (5): 433—441.

的缺陷增长率，缺陷尺寸的增长由下式给出：

$$D_{\max}(t_{i+1}) = D_{\max}(t_i) + Y_i(t_{i+1} - t_i), \quad i = 0, 1, 2, \cdots, n \tag{1-4}$$

式中，

n——给定样本下缺陷增长速率过程的脉冲总数。

因此，求得的缺陷尺寸的样本路径是关于时间的连续函数。这种方法比直接用固定增量表示缺陷尺寸的伽马过程更符合实际。然而，这种腐蚀增长的线性随机过程模型也受到了它不能用于将缺陷恢复到 t_0 之前的限制，导致这段时间可能会变为负值。

（三）非线性随机变量腐蚀增长模型

Velázquez 等[1]和 Caleyo 等[2]采用了一种经验的非线性幂函数来对低碳钢腐蚀增长进行建模。这个函数涉及最大缺陷深度 $D_{\max}$ 表达式如下：

$$D_{\max}(t) = k(t - t_0)^\alpha \tag{1-5}$$

式中，

t_0——腐蚀起始时间；

k——比例因子；

α——指数因子。

然后，建立回归模型，将比例因子和指数因子与一些表征土壤和管道特性的随机变量联系起来。因此，比例因子和指数因子 k 和 α 也被定义为随机变量。此外，腐蚀的初始时间 t_0 考虑了每一种土壤类别。

由于公式（1-5）是非线性的，因此获得的均值和标准差的缺陷尺寸的精确的函数表达式是有价值的，并且可以很明显地看到由此产生的尺寸缺陷为 $D_{\max}(t)$，这是一个参数化的随机过程。总之，由于这种非线性模型只依赖于两个随机变量，故将其称为的非线性随机变量腐蚀增长模型。

（四）非线性随机过程腐蚀增长模型

非线性随机过程腐蚀增长是腐蚀过程模型随机模型和非线性随机变量模型融合而成。在该模型中，缺陷尺寸函数公式（1-5）的比例因子（k）的特征是一个以脉冲高度 Y_i 和持续时间（$t_{bi} = t_{i+1} - t_i$）作为随机变量的泊松方波过程，其中，指数和伽马分布分别表示新的脉冲和脉冲强度。另外，指数因子（α）用对数正态随机变量表示，均值和方差分别为 u_α 和 σ_α。

该模型缺陷尺寸随机过程的构造如图 1-4 所示。从缺陷尺寸的比例因子的参数（λ、u_Y

---

[1] Velázquez J C, Caleyo F, Valor A, et al. Predictive model for pitting corrosion in buried oil and gas pipelines [J]. Corrosion, 2009, 65 (5): 332—342.

[2] Caleyo F, Velazquez J C, Valor A, et al. Probability distribution of pitting corrosion depth and rate in underground pipelines: a Monte Carlo study [J]. Corrosion Science, 2009, 51 (9): 1925—1934.

和 σ_Y) 出发，缺陷尺寸的随机过程 [$D_{max}(t)$] 的建模如下。对于比例因子 k 的每一个脉冲（如由蒙特卡罗模法模拟的样本脉冲），缺陷尺寸的增量由下式给出：

$$D_{max}(t_{i+1}) = D_{max}(t_i) + Y_i [(t_{i+1} - t_0)^\alpha - (t_i - t_0)^\alpha], \quad i = 0, 1, 2, \cdots, n \quad (1-6)$$

式中，

n——给定样本中比例因子过程的总脉冲数；

α——指数因子随机变量的实际值。

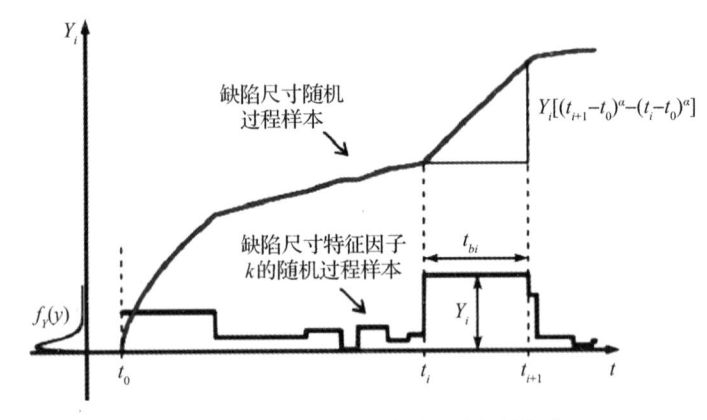

图 1-4 缺陷尺寸非线性随机过程的构造

同样地，这种非线性随机过程腐蚀增长模型能够及时地再现腐蚀过程的变异性，并且满足 $t_0 > 0$。

第二节 埋地管道腐蚀基本概述

一、埋地管道腐蚀失效特点

土壤腐蚀是埋地管道外部腐蚀的主要诱因，由于土壤不同的成分和特性，在土壤中生存的各种微生物，再加上杂散电流的干扰等因素造成了管道材料外部表面的腐蚀。从另外一个角度来看，土壤是一个胶质体系，具有电解溶液特性（离子导电性），是一种电解质（导电介质），可构成电化学腐蚀，并且土壤中含有各种盐类和有机质也会造成管道的化学腐蚀。土壤不仅具有含水量、孔隙度、颗粒度等多种物理特性，而且电解质离子通过土壤的移动速度而造成阻力变化等不同影响，导致电化学反应速度的多变性和土壤腐蚀电池的随机性。

土壤腐蚀的因素可以分为以下几类：

第一，土壤电阻率是一个综合特征指标，表征土壤的导电性能，是土壤腐蚀性的重要参数，与土壤含盐成分和总量、土壤性质（孔隙程度和颗粒大小）、含水量有关。一般地，土壤的电阻率越小，其土壤腐蚀性相对越大，但这不是绝对的。例如，随着土壤含水量的增加，土壤电阻率呈下降趋势，土壤氧的渗透能力也会下降，阴极反应受阻，腐蚀性相对减弱。同理，土壤电阻率相对高时，土壤含氧率也有所增加，腐蚀性变强。因此，单一的电阻率数值大小并不能表示腐蚀率的快慢，土壤是个复合因素。某些地段电阻率的剧烈变化可以表示出该地段土壤性质变化较大，可能会形成较强的电化学腐蚀，造成的腐蚀程度更严重。

第二，含水量是土壤腐蚀中电化学腐蚀构成条件的关键因素。土壤含水量会随季节的不同而变化，并且影响土壤孔隙度和含氧率的变动。通常情况下，土壤腐蚀性会随土壤含水量呈倒 V 形变化。在含水量低时，土壤腐蚀性会随含水量的增加而变大，当其处于临界值以下时，可溶盐已基本溶解；当含水量达到一定临界值时，可溶盐已全部溶解，土壤的腐蚀性能达到最大值。如果这时湿度继续增大，则土壤盐浓度相对降低，会阻塞了孔隙，氧扩散受到抑制，腐蚀性反而会减小。通常，土壤的水汽比例达到 65∶35 时，腐蚀速度才有可能达到最大。针对碳钢来说，含水量低于 20% 时较易发生点腐蚀，高于 20% 时容易发生均匀腐蚀。

第三，土壤的 pH 值可以综合反映土壤盐分含量的基本情况。土壤按盐分的组成可分为盐土和碱土，按机质分类可分为无机和有机土壤。

第四，微生物腐蚀（细菌腐蚀）不是微生物本身对管道外部表层的金属的腐蚀，而是生物作用（生命活动过程）中间接地（促进或引起）对管道外部表层的金属进行腐蚀过程。任何金属管道设施在土壤、水、空气的环境中，都有可能受到细菌腐蚀。与之接触的金属材料界面由于微生物新陈代谢作用产生的中间和最终产物或分泌物，以及外酵素等而发生物理和化学性质的改变，是一种特殊的电化学腐蚀。

第五，土壤盐分不仅可以起到电化学腐蚀中导电介质的作用，而且还能参与电化学腐蚀的反应，因而对土壤的腐蚀性形成影响。含盐量在土壤电解质中以氯、碳酸根、硫酸根等的阴离子和钙、镁、钠、钾等阳离子含量作为盐分指标。一般情况下，土壤的含盐量约为 0.008‰～1.5‰。可溶性盐相对含量越大，土壤的离子导电能力越强，电导率越大（电阻率变小），土壤的腐蚀性越大。在土壤中可溶性盐的积聚和分散，除产生盐浓差电池腐蚀外，还会影响到氧浓度。随着盐溶解度越大，土壤溶液中氧含量就越小，从而减缓了电化学腐蚀的阴极反应，腐蚀速度变慢。

在非酸性土壤中，对于 Ca、Mg 等碱金属离子生成不溶性的碳酸盐和氧化物，且能在金属表面沉积下来形成保护层，妨碍了电化学腐蚀的反应过程，降低了腐蚀速率。与阳离子相比，阴离子对腐蚀的影响较大，其能直接影响土壤的电化学腐蚀过程。例如，Cl^- 可以穿过钝化膜和金属反应生成可溶性的化合物，也可把膜中的氧排斥出去，改变膜内离子和电子的导电性，加速金属氧化速度。因此，氯离子是土壤盐分阴离子中腐蚀性最强的一种，其含量越多，土壤腐蚀性就越强。SO_4^{2-} 对金属的腐蚀性强度比 Cl^- 小，但随着 SO_4^{2-}

浓度的增加，也能提高对金属的腐蚀速度，同时 SO_4^{2-} 也能在微生物的作用下加速阴极极化反应腐蚀过程，但如果 SO_4^{2-} 和 Pb 作用，反而能生成 $PbSO_4$ 保护层，会大大降低腐蚀速率。土壤盐分中虽然 CO_3^{2-} 含量较小，但也有很高的氧化性，可加快土壤电化学反应的腐蚀过程。综上所述，含盐量对土壤的含氧量、微生物活动、金属电极电位和电阻率都有影响。

埋地管道的土壤腐蚀程度大小是由土壤的理化性质决定的，其中包括土壤的电阻率、溶盐（含盐量）、水分（含水量）、氧（含氧量）、pH 值（总酸度）、氧化还原电位和微生物等多种因素共同作用的腐蚀结果。依据国家材料环境腐蚀野外科学观测研究平台上的《材料土壤腐蚀试验规程》，并按照土壤性质将腐蚀环境因素划分为四大类：第一类是土壤电化学性质，主要包括氧化还原电位、土壤电阻率和自腐蚀电位、电位梯度等；第二类是土壤化学性质，主要包括土壤的 pH 值（酸碱度）、含氧量、可溶性盐总量和含盐种类（碳酸氢根离子含量、碳酸根离子含量、氯离子含量、硫酸根离子含量、钠离子、镁离子、钙离子、钾离子含量等）、土壤的有机质、土壤的硫化物等；第三类是土壤物理性质，主要包括土壤密度、含水量、孔隙度、温度、质地等；第四类是土壤微生物性质，主要包括土壤的真菌、硫酸盐还原菌、铁细菌、腐生菌、硫氧化菌等。

埋地管道腐蚀不仅与管道所处环境紧密关联，而且与管道自身的材料和钢质也有关系，通过查阅国内外相关文献，笔者将埋地管道的腐蚀特点总结如下：

第一，管道材质和型号复杂。由于埋地管道的铺设时间跨度长、管道生产所采用的工艺技术和标准规范具有差异及管道型号的千差万别，即使是同一区域，不同管道所面临的腐蚀形式也存在很大差异。

第二，所经地区地域复杂。由于埋地管道运输距离较长，管道沿线的社会环境与自然环境差别较大，即地质特征千差万别，因此分布于不同区域的管道腐蚀程度也不一样。

第三，外腐蚀是造成管道失效的主要因素。埋地管道腐蚀分为内外两种，但主要以外腐蚀为主。近年来，因为油气在输送之前已经过去杂、脱硫等处理，所以由内腐蚀造成的管道泄漏事故大大降低，然而管道面临的周围环境情况更加复杂，虽然有防腐层的保护，但是第三方破坏及防腐层的老化脱落也会加速管道外腐蚀的发展。

第四，埋地管道承压能力。与陆上管道不同的是，埋地管道不仅承受内压，也要承受覆土厚度对管道造成的压力。随着高级钢等较好材质的金属被管材厂采用，虽然管道的承受压力得到一定程度的提高，但由于埋地管网的复杂性和管道输送点的增多，各管段承压能力也不尽相同，导致管道腐蚀方式更加错综复杂。

总的来说，土壤对埋地管道的腐蚀主要是电化学腐蚀，其次杂散电流给管道造成了局部腐蚀。由于管道途径的地域广泛、距离长，不同地区的土壤性质和种类、环境条件也都不同，因此管道腐蚀速度和程度大小也各不相同，再加上沿管道埋地方向的腐蚀性不均匀，还会加深土壤对管道的电化学腐蚀。

二、埋地管道腐蚀机理

土壤是由固态、液态和气态三相物质构成的复杂混合物。土壤腐蚀的影响因素有土壤的通气性、含水量、温度、电阻率、溶解离子的种类和数量、pH 值、氧化还原电位、有机质及微生物等。这些因素和外部因素的综合作用致使土壤中的管道受到了腐蚀。

(一) 杂散电流腐蚀

杂散电流腐蚀具有局部集中特点，在短期内就可能形成穿孔事故。杂散电流问题在直流钢轨系统问世时就已存在。早在 20 世纪五六十年代，国外新建地铁系统中，专家们就已开始重视杂散电流的问题。在城市市区产生杂散直流电源的主要有有轨电车、铁路、直流供电网等，这些都可以称为干扰源。如直流钢轨系统，当负回流经车行钢轨与负回流电缆流回牵引动力变电站负极端时，由于钢轨自身的电阻流通牵引负回流，而负回流又反过来作用于钢轨而产生压降，进而使钢轨对大地存在电位差，即钢轨电位升。但钢轨与大地之间不可能完全绝缘，故有部分负回流从路线各处的钢轨泄漏至大地，并进入轨道附近电阻较低的传导路径，如轨床下的结构钢筋或轨道邻近的金属结构物，最后直接或再经大地回流至变电站，这就是杂散电流。

杂散电流腐蚀是指在杂散电流流出管道的部位发生强烈的腐蚀。根据不同的干扰源可以把其分为以下三类：一是由直流电解设备、直流电焊机及直流电气化铁路等产生的直流杂散电流，二是由交流高压输电线路系统和交流电气化铁路所产生的交流杂散电流，三是由地磁场变化而产生的大地电流。

因为金属的电阻率远小于土壤的电阻率，所以当金属埋设在土壤中时，相当于一个低电阻电流传输通道，电流会向电阻小的路径流通，这就使土壤中的杂散电流更容易流入金属中。在土壤中的杂散电流流进埋地管道的地方，其管地电位为比较负，比较负的电位发生了阴极极化，对管道具有保护作用；而在杂散电流流出部位的管地电位为比较正，其原因是电子都聚集到了杂散电流流入的部位，此处因缺少电子而使电位为比较正，而电子的来源正好是此处的管道金属与土壤电解质的反应所产生的，金属单质成了金属离子，此时埋地管道就被腐蚀了。

在杂散电流流进管道金属区域时，金属的电位比较低，而土壤的电极电位则比较高，即土壤为阳极，金属为阴极，该区域的金属就成为腐蚀电池的阴极区，在阴极区发生还原反应（得到电子）。在杂散电流流出埋地金属管道的位置区域，金属的电位比较高，而该区域附近的土壤的电位比较低，即土壤为阴极，金属管道为阳极，该区域的金属就成了阳极区，发生氧化反应（失去电子）。通常，在中性、碱性或弱酸性条件下，阳极区发生了吸氧腐蚀，即在腐蚀过程中，氧气在阴极上得到电子被还原生成 OH^- 的腐蚀。

$$\text{阳极（Fe）}: Fe - 2e^- \rightleftharpoons Fe^{2+} \tag{1-7}$$

$$\text{阴极（杂质）}: O_2 + 2H_2O + 4e^- \rightleftharpoons 4OH^- \tag{1-8}$$

$$\text{总反应}: 2Fe + O_2 + H_2O \rightleftharpoons 2Fe(OH)_2 \tag{1-9}$$

Fe(OH)$_2$ 将进一步被氧化，生成 Fe(OH)$_3$，另外还会有部分脱水为铁锈。总反应式：

$$4Fe(OH)_2 + O_2 + 2H_2O \rightleftharpoons 4Fe(OH)_3 \rightarrow Fe_2O_3 \cdot xH_2O \tag{1-10}$$

一般地阴极区的管道不会受影响，但若阴极区的电位值过大时，则管道表面会因析出氢而造成防腐层脱落。其电化学反应在缺氧或酸性条件下发生，阴极区的水或氢离子得到电子而产生氢气：

$$2H_2O + 2e^- \rightleftharpoons 2OH^- + H_2 \tag{1-11}$$

这些是存在杂散电流干扰时管道金属发生的电化学反应，但杂散电流干扰给埋地管道腐蚀带来了多大影响无法从电化学反应式中得出，只能通过实验研究得出一些结论。目前，埋地管道产生交流干扰的干扰源主要为交流电气化铁道和交流强电线路。相关实验表明，强电线路在正常运行时对埋地管道的干扰电压可维持在 50 多伏特，间歇干扰电压也可达 30 多伏特，如果存在故障时，埋地金属管道上的瞬间干扰电压可能会更高，会给埋地管道造成十分不利的影响。具体有以下几点：第一，引起和加速金属管道的腐蚀。一般情况下，在电流相等时，交流腐蚀与直流腐蚀的比值大致为 0.05。但交流腐蚀与直流腐蚀相比具集中腐蚀的特点。例如，东北输油管理局检查一些地方受到交流干扰的管道时，发现管壁上穴孔状腐蚀点有很多，这些腐蚀点与土壤腐蚀和直流干扰腐蚀点的差异很大，并且腐蚀产物为很细的黑色粉末状。第二，如果干扰管道的阴极保护按照原计划进行，由于恒电位仪是闭环控制，需要测量管地电位，但当不能稳定测量管地电位的值时，会导致恒电位仪失控，并且还会造成极性的逆转。第三，交流干扰在管道上感应出的电流可能会伤害作业人员，尤其是在发生故障时，铁轨和高压电线路可能会产生很大的电流，所以这也是一大危害。第四，对连接在管道上的设备和仪器产生安全危害。比如，阴极保护用的恒电位仪或整流器的出口滤波电容被强大的交流电流击穿；当交流高压线路发生故障电流流出大地时，此时的电流会很大，电流形成的强大地电场使得管壁被电弧烧穿。

从腐蚀的概念和种类划分看，腐蚀过程主要是发生化学反应，埋地管道腐蚀过程机理可分为化学腐蚀机理和电化学腐蚀机理两种。

(二) 电化学腐蚀

最容易见到的腐蚀就是电化学腐蚀，且电化学腐蚀在金属腐蚀中占比最高，即金属在自然环境中遭受的腐蚀一般为电化学腐蚀。

金属腐蚀是氧化还原反应，其中有两个化学反应，即金属被氧化的过程和氧化剂被还原的过程，它们彼此独立且又共同完成腐蚀过程，该过程会导致金属破坏即为电化学腐蚀。电化学腐蚀过程伴随着电流的产生，即阳极反应和阴极反应之间有电子流和离子流，从而构成电流回路。金属电化学腐蚀可分为以下三个步骤：

第一，阳极过程，即金属溶解、金属发生氧化进而丢掉电子变成离子，进入溶液。

第二，电子从阳极区流入阴极区。

第三，阴极反应，极化剂会吸收从阳极到达阴极的电子（如中性和碱性环境中的溶解氧、酸性环境中的氢离子等）。

以锌电化学腐蚀为例，其电化学方程式如下：

$$\left.\begin{array}{l} Zn \rightarrow 2e + Zn^{2+} \\ \frac{1}{2}O_2 + H_2O + 2e^- \rightarrow 2OH^- \\ Zn^{2+} + 2OH^- \rightarrow Zn(OH)_2 \end{array}\right\} 一次产物 \left\{ Zn + \frac{1}{2}O_2 + H_2O \rightarrow Zn(OH)_2 \right. \quad (1-12)$$

综上所述，金属的电化学反应是由交流干扰腐蚀引起的。比如，金属铂用于直流电解时，它被充当阳极，但它不在稀硫酸中溶解；当使用交流电电解时金属铂也不溶解；当交直流叠加之后金属铂却在稀硫酸中溶解了，这说明交流电流对阳极具有去极化的作用。

根据腐蚀电化学理论解释交流电对金属阳极的溶解作用，假设用塔菲尔方程来描述金属的阳极溶解过程，并且金属阳极溶解反应的动力学参数不受交流干扰的作用，即腐蚀动力学方程的交换电流密度和塔菲尔斜率都保持不变。因为金属的电极电位和腐蚀电流的关系是非线性且呈指数函数关系的，所以腐蚀电流按指数函数规律随电极电位的改变而变化。当交流电处于负值的半个周期内时，如果电极电位变化 ΔE 是负值，那么被腐蚀的金属电极电位也跟着下降，由此导致腐蚀驱动电位差减小，腐蚀电流在这半周期内也就减小了，阳极溶解就减弱了。相反地，当交流电处于正值的正半周期内时，电极电位变化 ΔE 为正值，此时金属电极电位也会随之变正，因为阴阳极的腐蚀推动电位差加大，腐蚀电流会增加，所以金属阳极溶解速率就会增大。但由于电极电位和腐蚀电流具有非线性特点，腐蚀电流在正半周期内的平均增加量比负半周期的平均减少量要大，因此引起了金属阳极溶解速度的增加。

实际上，金属阳极溶解时，交流电会使塔菲尔斜率减小或金属钝化变得困难，这意味着交流电影响着金属阳极溶解反应动力学参数，使溶解反应变得容易进行，这就使交流干扰腐蚀加速金属阳极的溶解过程。

交流干扰腐蚀是在外界电场作用下进行的，这个外电场与自然极化过程的内电场相比，其电场强度要高很多，感应产生的持续交流干扰的电压幅度比电极本身的自然极化产生的电位要高出 10~100 倍，而且交流干扰腐蚀的电化学过程是在方向和大小都在不停变化的电场作用下进行的。交流电在工频周期为 0.02 s 条件下，与一般腐蚀的电化学反应相比较要小几个数量级。另外，在交流电干扰的影响下，交流干扰腐蚀内部电化学过程也会发生变化。在外界电场作用下，交流干扰腐蚀的电流强度与地下管道金属结构物的表面状况和形状有关,并且与介电系数成正比例关系,其电流强度随漏点表面积的增大而减小。因为土壤是一种不均匀的介质,所以管道绝缘层的泄漏状况也是各不相同的。在发生腐蚀之后,管道表面就会变得十分粗糙,这使得电场变得非常不均匀,造成了强电场的集中腐蚀。因此,交流干扰腐蚀是一个强度高,且在变化迅速的电场作用下所发生的电化学腐蚀。与直流干扰腐蚀相比,交流干扰腐蚀的集中腐蚀作用更加明显。

金属表面形成的双电层具有电容的性质,而电容又可以通交流隔直流,所以在交流电场作用下双电层电容具有导通交流电的作用,即起到分流作用。对于涂有沥青的试片、交流电干扰与电压、漏点的面积、介电系数大小及表面状况、形状都有关。如果交流干扰电压越大,那么双电层的充电量也就越大,但由于电场线的屏蔽效应,当漏点的面积越大时,其电流的强度与电场的强度就越小。根据电位随距离变化的关系,当漏点的面积很小时,且与试片的距离很近时,则电位与零接近,此时试片附近的电位梯度会非常大,这就是腐蚀电流密度随着泄漏面积的减小而增大的原因。土壤作为一种不均匀的介质,腐蚀电流密度不会随泄漏面积的增大而逐步增大。同样的原因,各点的介电系数和电导系数及金属的表面状况都会展现出不一样的数值。在某些特殊的点上,因为各种因素促使其周围的电场强度比其他的点大出几倍甚至十几倍,所以这些点会优先发生腐蚀现象,这也是交流干扰集中腐蚀比较显著的原因。由于交流干扰腐蚀的蚀坑深度决定了其位置的电场强度和该点的电流密度,这些参数随着泄漏表面面积的减小而增大,因此,一般情况下绝缘性能好但是有针孔泄漏通道的管线的腐蚀穿孔的危险性反而比泄漏面积大的裸管线或着管线的危险性要大。牺牲阳极受到交流干扰作用下,其保护性能也会受到影响。实践表明,镁阳极受交流干扰的影响最大,严重时还可能会产生极性逆转,不但不减缓腐蚀反而会加速腐蚀。

根据微分电路的欧姆定律,点电流密度 δ 和电场强度 E 之间有如下关系:
$$\delta = \gamma E \tag{1-13}$$

式中,

γ——电导率,由单位体积内离子数决定。

综上所述,埋地管道交流干扰电腐蚀主要受到电流密度因素的影响。在实际中,埋地管道外部有防腐层绝缘保护,当绝缘保护层破损后,埋地管道会与土壤中的电流发生交换作用,尽管此时土壤中的电流密度很小,但交换的电流密度却很高。因此,埋地管道金属的交流干扰腐蚀是由于低电流密度在非常小的面积上形成了较高的电流密度引起的,当漏点面积越小,腐蚀速率越快。

第三节 海底管道腐蚀失效因素概述

随着海洋资源的不断开发,海底管道已成为海洋资源运输的生命线。然而,由于管道腐蚀引发的事故越来越严重，严重地威胁着人类和海洋生物的生存环境。所以，为了避免海底管道事故的发生，减少对海洋生态环境的污染，提高海底管道的安全运行能力，对海底管道腐蚀失效进行研究是十分有意义的。本节先对海底管道腐蚀情况进行简要阐述。

一、海底管道腐蚀失效

（一）海底管道腐蚀的失效位置

管道腐蚀按失效位置分为内腐蚀和外腐蚀。其中，造成海底管道内腐蚀的因素包括防腐蚀设计缺陷、施工质量、输送介质和运行中的防腐蚀管理不当等。具体有以下四点：其一，如果初始设计参数与投产后设计参数不符会造成防腐蚀设计缺陷，如文昌油田某海洋管道原设计要求 CO_2 含量仅为 7.48%，且不含 H_2S，然而投产后 CO_2 含量最高达到 20%，且含有少量 H_2S，结果造成穿孔泄漏事件；其二，在管道制作及安装过程中，焊接、内涂等任何一个过程没有按照相关规范操作及未达到标准要求的，都会留下安全隐患，造成施工质量问题；其三，一般输送介质中含有 H_2S、CO_2、Cl^-、CO_3^{2-}、SO_4^{2-}、H_2O、细菌和固体沉凝物等，这些物质会产生化学反应并腐蚀管壁，从而导致海底管道腐蚀泄漏事故；其四，管道运行中防腐蚀管理存在漏洞，管道投入使用后，没有对影响实际生产状况的化学药进行剂筛选，或者没有采取相关的防腐蚀工艺，如除氧、脱硫、除砂、脱水和露点控制等，这些都会导致海底管道腐蚀更加严重。

由于海底管道铺设在海水中，这种环境比陆上的环境更容易造成腐蚀，即外腐蚀。海底管道外腐蚀按腐蚀因素不同主要分为海水腐蚀、土壤腐蚀、微生物腐蚀等。其中，造成海水腐蚀的主要因素是海水的含氧量，而海水流速会影响管道腐蚀速率。在波浪和海流的作用下，将空气中更多的氧带入海水中，并扩散到海底管道表面，导致海底管道腐蚀速率加快。同时，海洋中的微生物种类繁多，如果这些微生物附着在海底管道表面，经过一段时间就会形成生物膜，而生物膜内微生物作用会造成海底管道腐蚀。此外，在船抛锚或拖网时也有可能会对海底管道裸露部分的涂层造成破坏，使没有涂层的管道裸露在海水中，从而导致海底管道产生外腐蚀。

（二）海底管道腐蚀的失效形式

根据海底管道腐蚀缺陷的特点，可以将腐蚀缺陷分为体积型缺陷和平面型缺陷：体积型缺陷主要包括均匀腐蚀、局部腐蚀、点腐蚀等，平面型缺陷包括焊接裂纹和应力腐蚀裂纹等（本书主要研究前者，因此，对于平面缺陷不做具体介绍）。均匀腐蚀是腐蚀比较匀称的分布于管道表面上；局部腐蚀是集中发生在管道表面局部区域的腐蚀，按照腐蚀发生的集中位置有电偶腐蚀、缝隙腐蚀、晶间腐蚀、选择性腐蚀、应力腐蚀、磨损腐蚀和氢脆腐蚀等；点腐蚀简称点蚀，蚀孔随着时间的延长不断向纵深方向发展，可在很短的时间内导致管道发生腐蚀穿孔。

二、海底管道腐蚀因素及特点分析

(一) 海水腐蚀因素

海洋占地球表面的71%,它蕴藏了丰富的自然资源。然而,当管道铺设在海水中时,由于海水中含有多种盐类,还有微生物、泥沙、溶解气体等,使得海水对管道的腐蚀性较强。此外,也有很多其他腐蚀影响因素,主要有以下几种。

1. 所含盐的种类及其浓度

海底管道腐蚀与陆地管道腐蚀条件不同,海水中的含盐量远远高于土壤的含盐量,虽然海水含盐种类很多,但其含盐量相对恒定,其中 Cl^- 含量最多,约占85%以上。海水的导电性能取决于水中含盐量的多少,海水有很高电导率（4×10^{-2} S/cm）,比河水（2×10^{-4} S/cm）或雨水（1×10^{-5} S/cm）导电能力强几百倍到上千倍。海水中含盐量的增加会导致水的电导率增加,含氧量降低,所以在其某一含氧量时会对应腐蚀速度的最大值,即海水的含盐量刚好接近腐蚀速度最大时所对应的含盐量。

2. 温度

因地域性差异,在地球不同纬度的海域温度不同,从化学反应的原理分析,温度对化学反应的影响一般是正相关作用,即温度越高,化学反应速度越快。具体分析,海水温度每升高10℃,化学反应的速度提高大约14%,海水中的金属腐蚀速度将增大1倍。但溶氧量随着温度升高而下降,即温度每升高10℃,氧的溶解度约降低20%,这会使得金属腐蚀速率减小。此外,温度变化还会给海洋生物的活性和石灰质水垢沉积层带来影响。由于温度的季节性变化,铁、铜及多种合金在炎热的季节里腐蚀速率较大,我国各海域冬夏两季的海水温度见表1-1。

表1-1 我国各海域冬夏两季的海水温度　　　　　　　　　　单位:℃

	渤海	黄海	东海	南海
冬季	<0	2～8	9～20	18～26
夏季	24～25	24～26	27～28	28

3. 溶氧量

溶氧量对管道的腐蚀速率影响很强,不仅是因为氧气可以加快化学反应中的氧化作用,而且金属在海水中的腐蚀极易受氧去极化作用的影响,即金属腐蚀速率随着海水中氧气含量增加而加快。由于海洋的表面和空气充分接触,加上海浪的不断搅拌作用和自然对流影响,海水的溶氧量很高,因此溶氧量对海底管道的腐蚀影响作用较大。一般地,海面上的海水含氧量较高,溶氧量在5～10 mg/L,随着海水的深度增加,含氧量会逐渐下降。

4. 流速

水的流速对管道腐蚀程度影响也较大。事实上，金属表面的液体存在临界流速的现象，若金属表面液体的流速超过临界流速，腐蚀速率将明显加快，这是因为水流的流动增加了管道表面的氧含量，流速越快，海水越容易融入空气，加速氧气在水中的溶解，间接增加了海水的含氧量，同时氧的去极化作用加强，使金属腐蚀速度加快，但钝态金属在高流速海水中抗腐蚀更强。在海水中，高浓度 Cl^- 使管道很难发生钝化，腐蚀速率随着流速的变大而上升。另外，海水中携带的泥沙会对管道表面产生冲蚀。海水流速与碳钢腐蚀速率之间的关系见表1-2。

表1-2 碳钢腐蚀速率与海水流速之间的关系

海水流速/$(m \cdot s^{-1})$	0	1.5	3	4.5	6	7.5
腐蚀速率/$[mg \cdot (cm^2 \cdot d)^{-1}]$	0.3	1.1	1.6	1.8	1.9	1.95

5. 海洋生物

在海底管道铺入海底后，管道的表面会形成一层海洋生物黏泥，供海洋生物寄存，同时海洋生物的生命活动代谢物会附着于管道的表面。海洋生物对管道并不是直接进行腐蚀，而是海洋生物的代谢物质加速了管道的电化学反映过程，即代谢物中包括氨、二氧化碳、硫化氢等物质，对腐蚀速率起促进的作用。

需特别注意的是，海洋生物中如藤壶、贝壳等的繁殖和附着的硫酸盐菌的生物作用对海底管道的腐蚀速率影响特别大。同时，海洋生物的生命活动与季节紧密相关，海洋生物附着在金属表面上，会在附着处形成缝隙，里面氧含量减少成为阳极，腐蚀结果是在金属表面产生坑蚀。海洋生物对海底管道腐蚀速率的影响见表1-3。

表1-3 硫酸盐菌对钢铁腐蚀速率的影响（35℃） 单位：$[mg \cdot (dm^2 \cdot d)^{-1}]$

	碳钢	铸铁	不锈钢
无菌	1.7	2	微量
有菌	37	47.5	微量

6. pH值

海水的pH值接近中性，一般为7.2～8.6，但随着海水的深度增加，pH值会越来越低。另外，海水的pH值也会受光合作用的影响，尤其是白天光合作用强烈时会影响水中的 CO_2 含量，从而影响pH值。海水的pH值对腐蚀速率的影响远没有含氧量的影响大，但是海水的pH值会影响钙质沉积，从而间接影响腐蚀速率。虽然表层海水pH值要大于深层的，但由于含氧量对腐蚀速率的影响作用更大，因此浅层海水的腐蚀速率比深层海水的腐蚀速率大。

（二）海水腐蚀特点

第一，海水中含有大量的无机盐离子和大量氧气，以及高浓度的 Cl^-。因此，大部分金属在海水中无法钝化，只有极少数金属（Ti、Ta 等）在海水中仍可维持钝化，在这样的环境中氧的去极化作用要远远大于陆地上油气管道的。

第二，海水的导电性能较高，其腐蚀速率要比陆上管道腐蚀速率大得多。

第三，不同的海水深度，腐蚀速率不同。根据不同水深和管道与海水接触的情况，可将海洋环境从上至下分为五个不同区域，分别为海洋大气区、飞溅区、潮差区、全浸区和海泥区。通过对比发现，海洋大气区和飞溅区的腐蚀要比其他区域严重。这是因为海洋大气区不仅具有高湿度并含有盐和氧水雾，其腐蚀性相比陆上大气区要强很多；而飞溅区包括飞溅区和潮差区，因为海上油气平台上的平台跟链接平台和管道的立管会处于海浪和潮水冲击的环境中，也会发生比较严重的腐蚀状况，所以在这两个位置需要采取防腐蚀性能较好的工艺和材料。在全浸区，随着海水深度的不断增加，腐蚀速率逐渐减小。但不同地区的海水，因气候、环境和污染等差异，腐蚀性可能有很大不同，需根据实际情况确定。

第四，海底的力学环境复杂，容易受到复杂荷载的作用，如海水的交变应力作用和海床运动带来的附加荷载容易使管道承受巨大压力，加上腐蚀的影响，容易造成管道的腐蚀疲劳现象，同时交变荷载会加速腐蚀的程度和速率，产生管道裂纹，管道的强度会急剧下降，承压能力也随之下降。综上所述，在长期腐蚀和疲劳的双重作用下，管道的破裂事故容易发生，此类破坏引起的泄漏事故体量较大且难以控制。

第五，海洋环境中生物的多样性不同于陆地管道环境，复杂的海洋生物对管道的腐蚀作用影响显著，而防腐工作对于海洋生物的活动难以进行有效的控制，因此海洋生物也是海底管道防腐工作的一大难点。

第六，腐蚀疲劳是指在腐蚀环境中由于交变应力的作用产生裂纹而引起管道腐蚀破坏。腐蚀介质会加速金属的疲劳，随着交变应力发生情况的不断增加，金属能够承受的最大应力的能力逐渐变小。这是海上管道长期在海水腐蚀和海浪冲击下可能破裂，并引发重大安全事故的主要原因之一。

根据以上分析可以看出，相比陆地油气管道，海底管道的腐蚀机理更加复杂，难以较为全面地考虑管道的腐蚀因素，这就导致海底管道的腐蚀问题有更大的随机性和不可控性。此外，海洋的力学荷载复杂，在管道腐蚀后，很容易受到荷载的叠加作用，而且海底环境复杂，难以实现对海底管道运行状况的全面检测，这也给海底管道的腐蚀防护工作带来了很大的难度。

第二章 管道风险的评估

管道运输作为石油天然气能源运输的主要方式之一，在当今社会发展中有着举足轻重的地位。随着管道"老龄化"程度的加深和管道数量的增多，管道的安全运行和风险评价工作面临着新的挑战。管道一旦发生事故，轻则造成穿孔泄漏及经济损失，重则造成火灾爆炸及人员的生命或财产损失。采取科学合理的风险评价方法能够准确地识别管道所存在的风险，并根据风险情况提出相应的对策，维护管道的安全运行，同时也可以避免管道事故带来的损失，提高管道的安全运行。

因此，本章基于肯特法对管道风险进行评价，从肯特法的各种特点（腐蚀指数、第三方破坏、设计指数、误操作指数及泄露影响系数五个方面）出发进行详细的介绍。通过肯特法对管道做出安全评价，将管道分段，得出其各段安全性的分值和结论，以及对危险段采取的措施等。最后，结合一实例证明了肯特法在管道风险评价中的有效性和适用性。

第一节 管道风险评价相关概述

一、风险评价基本理论

（一）风险

风险是一种对事故是否会发生的可能性及发生后造成的后果是否严重的综合性度量。风险率或风险系数则是衡量风险大小的指标，其计算过程如式（2—1）：

$$P = R \cdot S \tag{2—1}$$

式中，

R——风险率；

P——事故发生的概率；

S——事故损失大小程度。

例如，有两条长距离运输管道，一条运送原油，一条运送天然气，假定这两条管道的事故率是相同的，但是管道一旦发生泄漏，燃气管道造成毁灭性的火灾和爆炸事故导致的人员伤亡往往比原油管道更严重，因此其风险系数更大。如果及时采取各种维护措施，如增加壁厚、加强腐蚀保护等能降低事故发生概率的措施，可使风险系数降低。因此，降低管道风险系数应从改善防护措施入手,这可以通过风险评估来进行,从而提出有效的防护措施来提高管道的安全性。

(二) 风险评价

风险评价是分析、评判研究对象所能发生事故的可能性及其发生事故后所产生影响的一种科学风险评估方法。其目的是通过识别、分析系统中各种潜藏的危险因素,保障系统的安全,给管理者提供科学的防范管理依据。

风险评价时应考虑下列基本规则及其影响:

(1) 假设的各项影响因素之间是相互独立的,是独立事件。
(2) 风险评价按最差的情况考虑。
(3) 评价结果只具有相对意义。
(4) 评价结果具有一定的主观性。
(5) 公众社会及道德观念对其具有一定的影响,特别是在后果较为严重的评价中。

风险评价时应考虑以下问题:

(1) 事故的发生是由于哪些因素引起的?
(2) 事故发生的可能性及发生后导致的后果是否严重?
(3) 事故的风险(综合结果)有多大?

二、管道风险评价指标体系的构建

(一) 管道风险评价指标体系构建原则

要构建一套既科学又合理的评价指标体系,必须按照一定的原则操作执行。同时,体系中的指标是经过周全的考虑、深入的调研分析、科学有效的方法进行构建的。在构建指标体系时,应遵循以下五个基本原则:

第一,全面性原则。风险管理作为一个复杂的系统,应按照可遵循的规律,从不同方面与角度选取恰当的风险影响因素,考虑周全且能准确地反映管道完整性风险管理的整体水平。

第二,可操作性原则。指标应简单凝练,指标体系应具有一定的层次结构,使其监测数据便于采集、统计和计算,从而增强指标的可操作性,获得准确的评价结果。

第三,科学性原则。指标体系的构建是以科学理论为基础的,结合实际和文献资料进行科学的分析调研与严密论证,从而设计出可靠的指标,这样评价结果才能具有科学性及实用价值。

第四,独立性原则。各指标之间要避免存在包含、重叠、替代等关系,即彼此之间具有独立性、代表性,剔除冗余指标,保障每一个指标对于整个评价过程都具有不可替代的作用。

第五，时效性原则。指标体系的构建，既要根据时代的发展和政策的变化进行适当修正，也要根据地点及环境的改变，对失去一定评价效果的指标进行修正，使其能够满足实际需要。

（二）管道风险评价基本模型的改进

在 2021 年 5 月，第七次全国人口普查结果公布我国人口共 14.1 亿人，在人口多、密度大的地区，一旦发生油气管道事故可能造成大量人员伤亡等严重后果。

根据《中华人民共和国石油天然气管道保护法》，我国目前主要针对的是长输管道的保护，而长输管道通常是敷设在郊外人口稀少的地区，周边很少有密集建筑物，安全间距较大，即使发生事故也不会造成大量人员伤亡。但随着我国城镇化发展，油气管道周边环境变得越来越复杂，不仅与供水、供气等城市管网交叉重叠，穿越人流密集的生活场所，而且建筑物占压等也存在极大的安全隐患，使周边群众的安全受到威胁，所以合理规划油气管道是减少事故发生的重要措施之一。

通过对欧美国家及我国的油气管道事故统计，特别是对我国近年来发生油气管道事故的共性问题的分析，笔者发现存在着规划、施工破坏、腐蚀、设计、应急等多方面的问题。管道事故的发生可能涉及管道规划、设计、施工、运营、维护以及事故应急等各个阶段，而且各个阶段是相互关联、相互衔接的。传统肯特评分法通常是基于长输管道构建的，不能直接应用在我国油气管道风险评价分析上。因此，油气管道要想与城镇安全共处，需要考虑到管道的规划、设计、施工、运营、维护等阶段，按照管道全生命周期管理，在传统肯特评分法四个指标的前后分别加上规划指标和应急指标，即规划指标、第三方破坏指标、腐蚀指标、设计指标、误操作指标、应急指标。如图 2-1（b）所示，虚线框内部分为传统肯特评分法中的四个指标，现增加规划指标和应急指标构成管道风险评分法框图。

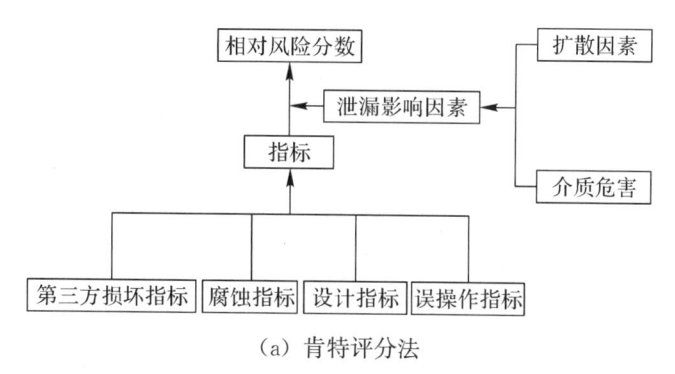

（a）肯特评分法

图 2-1 肯特评分法与管道风险评分法的对比

（b）管道风险评分法

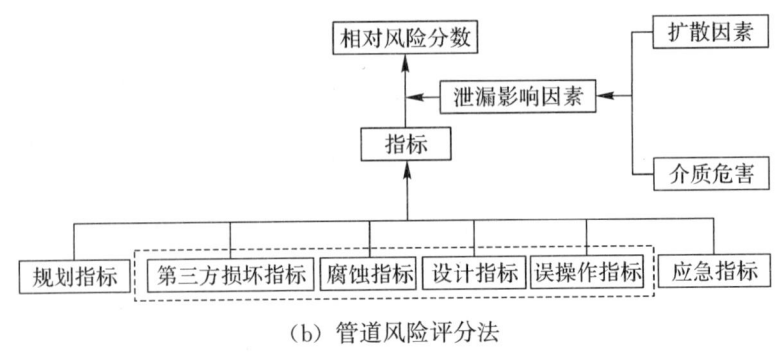

续图 2-1

相较于传统的肯特评分法［如图 2-1（a）所示］，管道风险评分法并无原则性的变化，其遵循的原理是一样的。不同之处在于改进后的管道风险评分法中风险因素更加全面、完整，重新界定了管道风险因素，并能从管道的整个生命周期进行风险评估，以此来及时制定正确的风险防御措施和合理的运行维护策略，提高管道服役的安全性，避免管道事故的发生，因此也更符合我国油气管道风险评估的实际情况。

（三）管道风险评价的基本步骤

1. 管段划分

由于管道沿线环境多样性导致各管段风险大小不一，因此有必要对管道进行管段划分。虽然管段划分是为了全面地反映各评价管段中危害因素导致的全线管道的风险变化，但是管道分段太多会增加数据采集的复杂程度和评估的工作量，减少分段则又会导致评价精准度下降。因此，最好的管段划分方法是在管线上有重要条件变化时插入分段点。例如，根据管道的固有属性（管径、运行压力等）或管道外部环境（人口密度、穿越地况等）进行划分管段，管段划分示意图（图 2-2）。

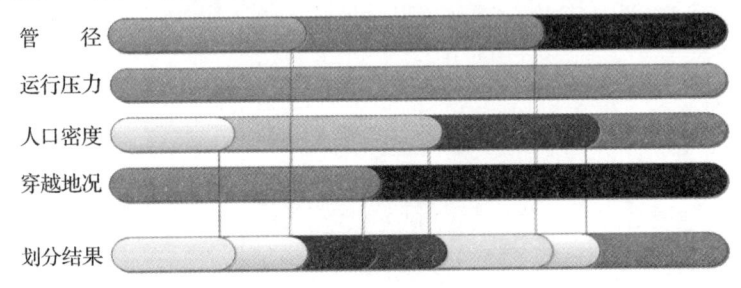

图 2-2 管段划分示意图

图 2-2 根据管径、运行压力、人口密度、穿越地况四个因素将管道划分为 7 个管段。

2. 事故因子确定和权重赋值

按事故原因和产生的后果将每个管段的事故因子分为第三方破坏、腐蚀破坏、设计误差和误操作四类，这四类总分数最高 400 分。其中每个事故因子又有多个影响因素，如图 2-3 所示。

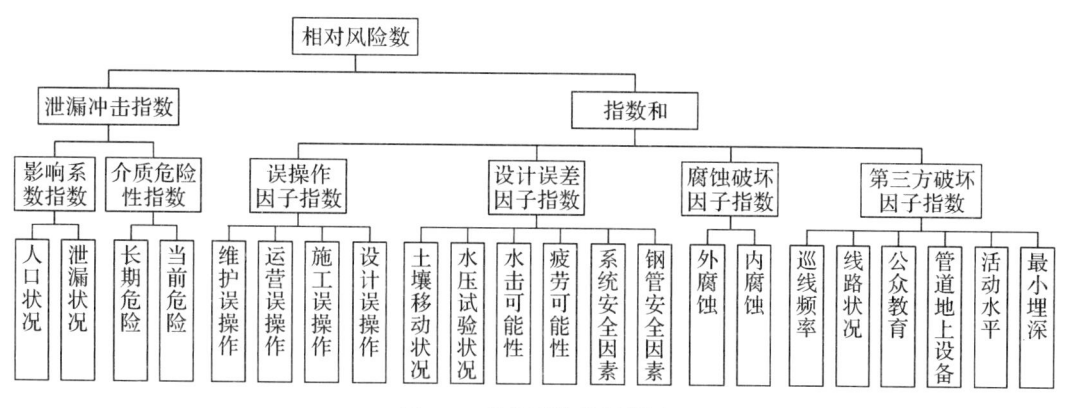

图 2-3 肯特风险分析模型

3. 介质危险性评定

介质危险分为急剧危险和缓慢危险。急剧危险有爆炸、火灾和剧毒泄漏等，缓慢危险有水源污染、潜在致癌物扩散等。介质危险性由介质燃烧性（N）、反应性（N）、有毒性（N）以及长期危险性（RQ）四方面因素来评定。

4. 泄漏冲击指数的计算

泄漏冲击指数由介质危险性和影响范围综合决定。它主要根据管道运输介质的特性及管道周围的环境、人员的情况评估管道泄漏后的影响程度，进而求得泄漏冲击指数。其中，泄漏冲击指数的大小表明管道发生事故后的危害程度大小，两者成正比关系，即泄漏冲击指数大，危害程度大。然后，再结合危害因素总分和泄漏冲击指数求得相对风险数，计算过程如式（2-2）。当管道的风险较低，处于安全状态时，其对应的相对风险数分值则较大。

$$相对风险数 = \frac{危害因素指标分之和}{泄漏冲击指数} \quad (2-2)$$

但应该指出的是，相对风险数是相对的，它不能显示管道风险绝对值的大小。管道风险评分法风险评价的系统流程，如图 2-4 所示。

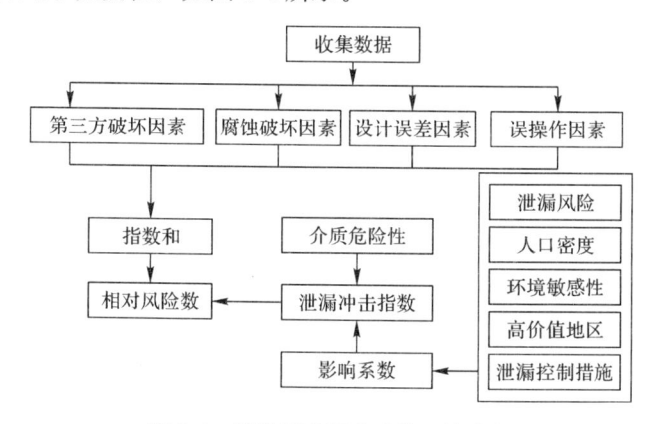

图 2-4 管道风险评分法的系统流程

5. 计算相对风险数

相对风险数 R_e 的大小主要由事故因子指数 S 和泄漏冲击指数 L 决定，其数学模型为：

$$R_e = S/L \quad (2-3)$$
$$S = T + C + D + I \quad (2-4)$$

式中，

T——第三方破坏因子指数；

C——腐蚀破坏因子指数；

D——设计误差因子指数；

I——误操作因子指数。

(四) 管道风险评价指标体系的确定

因为管道风险管理涉及面广、影响因素复杂及考虑到管道完整性管理，所以管道风险评价在肯特评分法的基础上增加了规划指标和应急指标，使其更加全面、系统。首先，根据国内外油气管道风险管理文献资料和相关法律法规，并结合我国的实地调研情况，初步构建了应急指标体系结构框架。其次，为了使指标体系能够更加科学、贴近实际，先后有 20 位相关专家学者（包括研究机构技术人员、研究人员、高校教授、企业安全管理人员等）对评价指标给出了专业意见。最后，吸取专家意见和建议对指标进行修改，剔除不重要或者代表性较差的指标，修改添加操作性更强的指标，最终形成普遍认同的油气管道评价指标体系。

第二节 管道风险评价中管道风险失效因素权重

一、管道失效因素的确定

根据管道风险评分法可知，影响管道安全的失效因素可分为第三方破坏、腐蚀破坏、设计误差、误操作、管材缺陷、疲劳破坏、侵蚀、自然灾害等方面，并将这几类划分为一级失效因素，同时结合我国管道的实际情况，进行深入研究，再从一级失效因素中划分出的第二、三级失效因素进行适当的增减调整，建立适合我国管道实际情况的管道失效因素的层次结构表，通过结构表了解各因素之间的逻辑关系，为管道的风险评价及维护工作奠定好基础。

本节主要以常见的第三方破坏、腐蚀破坏、设计误差、误操作四类一级失效因素进行分值划分，且各类分值均为 100 分，共计 400 分，并对其所属的二级和三级因素进行相应的分值赋予。根据评分法，列出各因素相应的层次结构表，并将调整分值列出，以便充分了解各因素在层次结构表中的地位，为下一步的权重分析奠定基础。

(一) 第三方破坏因素

第三方破坏主要指由非管道员工的行为造成的所有的管道意外损害，主要包括人为蓄意破坏、生产活动及自然灾害等。由于我国油气管道系统建设不完备、管网信息不发达等原因，很多埋地管道上方缺少标识，加上巡线频率低，经常发生农耕破坏管道、挖掘机损坏管道等现象。同时，很多房地产开发商在管道上方违章建造房屋、施工占压，甚至有民众从管道上方取土，久而久之形成水坑，导致很多管道长期浸泡在水中，造成管道泄漏现象严重。究其原因，人为蓄意破坏主要跟当地的公共教育的质量、法律完善程度、巡线质量和经济水平有关；生产活动造成管道的破坏主要由线路标志不明、巡线质量差、施工占压、管道埋深不足和沟通不及时等造成。比如，一些施工单位在进行施工前，并没有与当地的管道管理者进行联系，在施工过程中时常造成管道机械损伤，导致管道发生泄漏。因此，针对第三方破坏，管道运营企业应加大巡检力度和资金投入，以确保管道的安全运行。

第三方破坏所引起的失效在海底管道失效中占了相当大的比例，它们包括过往船只的抛锚冲击、沉船、拖网渔船的网拖冲击及过往船只的抛锚冲击等。根据以往管道失效原因的分析统计，在管道运行过程中发生的泄漏事故中，有23%是船舶抛锚冲击导致的。尽管第三方破坏并不是造成大部分海底管道事故的主要原因，但它却是造成人员大部分死亡、伤害、海洋污染的主要原因，是整个风险进程中一个重要的方面。

考虑到国内长输管道的第三方破坏较为严重，因此，加强公众教育，提高管道附近一带的公民的环保意识，具有十分重要的意义，所以，增加公共教育系统调用的分值，使之由15分变为30分。将第三方破坏因素分值设为100分，具体分值划分：最小埋深（20分）、活动水平（20分）、地上管道保护设施（10分）、公众教育（30分）、线路状态（5分）、巡线频率（15分）。

(二) 腐蚀破坏因素

腐蚀破坏是影响管道失效又一重要因素，腐蚀主要分为外腐蚀和内腐蚀。

对于埋地管道来说，土壤腐蚀尤为严重。关于土壤对管道的腐蚀性研究，有学者通过实验验证了地下土壤腐蚀因素的复杂性，主要有土壤的电阻率、盐分、透气性、酸碱度、湿度及氧化还原电位等。有实验表明，在各种理化性质当中，土壤的电阻率与土壤腐蚀的相关性最明显。埋地管道的内腐蚀又分为介质腐蚀和冲刷腐蚀。介质腐蚀主要跟输送油品的含水率、pH值有很大关系，一旦涂层出现破损，介质腐蚀的情况将非常严重；冲刷腐蚀主要跟输送介质携带的泥沙和流速有很大关系，很多埋地集输管道直接从井口将油气进行收集，缺少沉降罐，导致泥沙含量大，冲刷腐蚀的情况严重。

对海底管道来说，其所处的环境为海水或海底沉积物，这是一种非常强烈的腐蚀环境。就外腐蚀的影响因素而言，主要考虑管体外部受到海水腐蚀、海生物及土壤腐蚀、外部绝缘防护层的破裂、阴极保护系统的故障及材料抗腐蚀能力弱等影响。内腐蚀主要由管体内部出于酸性介质及管材的抗腐蚀能力差所对管道内壁引起的化学腐蚀，与输送介质及防腐绝缘涂层有关。海底管道内腐蚀的介质环境特点是以 H_2S、CO_2 为主的酸性介质和 Cl^- 溶于水产生及高温高压下，气、水、烃、固共存的多相流。因此，对海底管道腐蚀速率产生影响的有 H_2S、CO_2、O_2 和 Cl^- 的含量，管材的防腐性能及输送介质流速。当管道腐蚀情况比较严重时，会出现管壁减薄、防腐保护层失效以及管线穿孔，再加上压力和弯矩的作用，管道就会发生开裂。另外，管道运行一定时间后，防护绝缘层也会发生老化、剥离、破裂等，在一些特殊形状区域，如焊缝、弯头等部位，则会造成管道与防护层之间形成缝隙，从而使阴极保护电流很难到达这些地方，更容易出现严重的腐蚀。

鉴于储运公司的输油管道均为埋地管道，大气腐蚀对其影响可忽略不计，在对腐蚀因素进行分值划分时，可以将该项的 20 分的分值取消。将大气腐蚀的分值分别加到对埋地金属腐蚀最严重的阴极保护、防腐层状况两项因素中去，各加 10 分，阴极保护变为 18 分，防腐层状况则变为 20 分。具体分值划分：内腐蚀分为输送介质腐蚀性（10 分）、内壁防腐蚀保护（10 分），埋地管道腐蚀可大致分为阴极保护（18 分）、防腐层状况（20 分）、土壤腐蚀性（4 分）、管道系统服役时间（3 分）、其他金属埋地物（4 分）、交流干扰电流（4 分）、应力腐蚀（5 分）、测试桩（6 分）、密间隔管地电位（8 分）、管道堵塞（8 分），总分值为 100。

（三）设计误差因素

管道设计误差在最初投产使用时并不能立即发现，但随着管道的投入运行，其设计缺陷才逐渐显露出来，最终给管道带来安全隐患。作为输送介质的管道系统，为了达到最佳的设计效果，须综合研究经济学和工程学原理，科学合理地确定管道的材质、直径及管道路由的位置，并且管道设施的设计、材料的选取及建造都要遵循相关法律规则及规范标准的最低要求。

在设计不得不采取一些简化模型进行系数的选择时，其简化所导致与实际情况的差距会给管道带来一定的风险，将直接影响管道的安全，需要十分谨慎地划分。设计误差因素的具体分值划分：管道安全系数（20 分）、系统安全系统（20 分）、疲劳（15 分）、水击指数（10 分）、系统水试压（25 分）、土壤运动（10 分），总分值为 100。

（四）误操作因素

误操作包括设计、施工、操作运行和维护四个方面。其中，施工误操作主要是由施工监理不严格和施工缺陷造成的，针对施工缺陷一般从管道焊接、防腐层、管沟施工和管道安装这四个方面进行深入分析，找到最基本的影响因素；操作运行是最危险的一个阶段，该阶段出现一个失误就可能导致管道系统的直接失效，在该阶段防范失误要比检测失误更为重要。操作运行出现失误主要与操作规章制度的实施情况、人员的培训、远程监控及数据采集（Supervisory Control And Data Acquisition，SCADA）系统等原因有关；维护的误操作主要是管理部门对维护的不重视，并且错误的维修要求和维修规程及维修过程中的失误都将导致管道故障。

误操作因素的具体分值划分：设计［危险识别（4分）、可能达到的最大运行压力（12分）、安全系统（10分）、材料选择（2分）、检查（2分）］，施工［检查（10分）、材料（2分）、连接（2分）、回填（2分）、处理（2分）、防腐层（2分）］，操作运行［操作规程（7分）、SCADA/通信（7分）、安全管理（2分）、安全检查（2分）、培训（10分）、防止机械性失误的措施（7分）］，维护［维护记录（2分）、维护计划（3分）、维护作业指导书（10分）］，总分值为100。

（五）管材缺陷

管材缺陷有初始缺陷和安装缺陷两种类型。具体而言，管材在加工制造及运输过程中就会造成初始缺陷，包括管材厚薄不匀、初始微裂纹、椭圆度差、毛刺等；而安装缺陷则是在管段的施工过程中造成的，例如，管道接头焊接质量有问题，防腐保护涂层质量不能得到保证等。事实上，即使只在某局部范围发生管材缺陷，都将直接降低管道的整体强度，从而为腐蚀的出现创造了条件，严重影响到整个管道运行的安全可靠性。因此，应当提升管材制造加工水平、选择恰当的施工工艺，制定严格的施工质量检验规程。

（六）疲劳断裂破坏

疲劳断裂是一种脆性破坏。由于其破坏发生之前没有明显的变形和局部收缩等先兆，因此疲劳断裂的潜在破坏性很大。而海底管道发生失效的另一个重要原因就是疲劳断裂，当管道结构在承受海水流动、地震载荷和海床地质运动冲击等交变荷载时，破坏管道结构的原因主要是材料的疲劳。具体而言，管道由于受到海床运动和海流冲刷的作用影响，导致其周围土体被冲蚀出现悬空，形成管道悬跨。在海流的作用下，就会导致管道悬跨段下产生周期性震动，形成涡激振动，并且当涡激振动频率接近管道自身的固有频率时，就会产生大振幅的共振。管道的跨越设计、海流的冲刷及所处海底高低不平等都会造成管道悬跨的现象，这也是海底管道所特有的现象。相关统计也表明，很多海底管道的破坏，常常是交变波浪载荷产生的疲劳裂纹引起的。由此可知，当海底管道形成管道悬跨后，避免管道破坏的重要控制因素是海浪作用下的疲劳问题。

（七）侵蚀

管道侵蚀破裂的主要影响因素包括泥沙的流速、含量等。当输送介质中含有的泥沙快速地通过管道转折处时，会给管道产生机械磨损；而当发生比较严重的侵蚀时，管道将会发生穿孔；如果再有过大的内应力，就会导致管道断裂，对管道的安全运行产生巨大的隐患。

(八) 自然灾害

管道一旦遇到自然灾害将会对其产生毁坏性的破坏,如油气管道破裂、漏油、引起火灾等一系列重大事故。不但会造成巨大的经济损失,而且会严重污染周围海洋环境。此外,由于自然灾害对管道的破坏具有不可抗拒性,因此要时刻准备加强对此类安全事故的及时预测和应对。

二、基于熵权理论的一级失效因素权重确定法

在管道风险评分法中,各一级失效因素的权重是相同的。但由于管道实际情况却是复杂多变的,因此各一级失效因素对管道风险的影响程度是不同的,导致评价结果的准确性有所下降。基于此,对管道风险评分法中各一级失效因素所分配的权重应进行一定的改进,使其能够较为准确地显示出各一级失效因素对管道安全运行的实际影响程度。为此,引用熵权理论进行管道风险因素的权重调整,将影响因素的熵权值作为评判因素对管道风险影响程度的标准,根据各一级失效因素熵权值的大小,可以得出各个事故因素在整个管道系统事故因素中所占比例的大小,这样得出的风险数值所反映的管道风险情况更为真实、合理。

(一) 熵权理论的基本概念

最初,熵的概念是来自热力学,由德国的物理学家克劳修斯最早提出,随后熵这一概念不仅应用于热力学的理论中,而且被广泛应用于各个方面。申农是引入信息熵理论的第一人[①],并将信息论里的熵概念称为信息熵,现已被广泛应用在如社会经济、工程技术等领域里,其代表的含义也更加宽泛。

信息这一概念在信息论里是衡量系统程度是否有序的一个度量,而衡量系统无序程度的大小则是熵这一概念。在信息论里,熵表示信息的价值,反映信息的多少及其对系统的影响,这为人们在判断决策过程中提供了重要信息,并依据各因素的样本数据,通过计算其熵值的大小来判断各因素对系统的影响程度。

熵权理论是一种客观赋权方法。在应用过程中,首先根据各个因素的变异程度,采用信息熵计算出各个因素相应的熵值;其次,根据该值对相应因素的权重进行一定的修正,进而得到各因素比较客观的权重。如果求解出一个因素相对应的熵值比较小,则说明该因素在系统中的变异程度较大,给系统所能提供的信息较多,在影响中所发挥的作用也是较大的,那么根据熵的概念可知,该因素相对应的权重也应较大;反之,则较小。

简言之,熵权理论的权重确定法具有较高的适用性,对于任何评价问题中权值确定的

---

① 张俊,张彼德,敬海兵.基于熵权理论和灰色评估理论的变压器绝缘状态评估方法[J].电气开关,2012(2):24—25.

问题，均可采用熵权理论的权重确定法，且其评价的结果更加客观，能够更好地解释所获得的结果。因此，本书在改进管道风险评分法的研究中，应用了熵权理论来调整权重，并根据因素熵权值的大小来确定各风险因素的权重。

（二）基于熵权理论的一级失效因素权重确定法的数学模型

基于熵权理论的管道风险评分法能够更加科学合理地确定出各一级失效因素所占权重，符合管道实际风险评价过程。将熵权理论引入管道的风险评分法中，其数学计算模型如下：

（1）专家打分，根据评分法中的各项原则对 m 个管段的 n 个因素进行专家打分，则 a_{ij} 为第 i 个管段的第 j 个因素的打分值（$i=1,2,3,\cdots,n$；$j=1,2,3,\cdots,m$）。

（2）数据的标准化处理。

为消除量钢影响，对数据要进行标准化处理，其标准化处理公式如下。

$$j_{ij} = \frac{a_{ij} - \min_j\{a_{ij}\}}{\max_j\{a_{ij}\} - \min_j\{a_{ij}\}} \tag{2-5}$$

（3）求因素熵 H_j。

$$H_j = -k \sum_{i=1}^{m_1} f'_{ij} \ln f'_{ij}, \ j=1,2,3,\cdots,n$$

$$f'_{ij} = \frac{y_{ij}}{\sum_{i=1}^{m_1} y_{ij}} \quad k = \frac{1}{\ln m_1} \tag{2-6}$$

（4）求熵权。

$$w_j = \frac{1-H_j}{\sum_{j=1}^{n}(1-H_j)}, \ 0 \leqslant w_j \leqslant 1, \ \sum_{j=1}^{n} w_j = 1 \tag{2-7}$$

三、基于失效因素敏感性的各次级因素权重确定法

在管道风险评分法中，各次级失效因素的权值大小与其对管道的影响相一致，即权值的大小反映了各次级失效因素对管道的影响程度。这表明分配给次级失效因素的权值越大，说明该因素越重要，即其对管道风险增加或减小所起的作用越大；分配给次级失效因素的权值越小，说明该因素越不重要，即其对管道风险增加或减小所起的作用越小。但要注意的是，在实际的风险评价中，部分次级失效因素主要由规范以及法规来决定，且这些被确定了的次级失效因素在随后的评价过程中几乎不再发生变化，这就使其对评价过程的影响具有一定的相对性，而此时次级失效因素分值的权重的大小并没有增加或减少风险的作用，因此需要对影响因素进行敏感性分析。

当某些相关因素发生变化时，将会对某一个或是一组关键的指标产生一定影响。从定量的分析角度来说，对这种相关不确定因素进行研究的分析技术称为敏感性分析。风险评价的敏感性分析是在许多不确定性因素中发现的敏感因素，测出各因素对管道风险的影响程度。

根据肯特的管道风险评价模型可知，管道风险评分法中的总指数和包含了若干个次级失效因素，且其对各次级失效因素均赋予了一定的分值，并依据相应的评定等级对次级失效因素进行评分，最终求和确定总指数。因此，可以采用多因素试验来对风险评价的过程及结果进行模拟，即将评分的等级划分为水平数，且每一水平对应一定的分值。下面将利用多个因素试验的思想对管道风险评价中的各次级失效因素进行敏感性分析。

（一）正交设计试验

将指数的总和作为分析的目标，通过对这些因素在不同程度的评价得分水平组合变化的分析，可以找出敏感因素。但对有 n 个因素进行因素敏感性分析时，若每个因素有 m 个评分等级，则需要的敏感性分析次数为 n^m 次，分析的工作量十分巨大。因此，为了减少工作量又不影响分析结果，引入正交试验理论。

正交设计试验法是研究多个因素在多个水平下的一种设计方法。其在正交性的基础上选定了一些具有代表性的点来进行试验，这些代表点具有"统一、整齐、可比"的特性。正交设计试验法是敏感性分析实验设计的主要方式，其通过正交表进行多因素的试验，具有高效、快速、经济的优势。在管道失效因素的敏感性分析中，根据一级失效因素下的各次级失效因素的不同评价水平，选择不同的正交表进行试验，并采用极差法对所得的正交计算数据进行分析，从而确定各次级失效因素对管道的影响程度的大小。失效因素的敏感性分析可采用式（2—8）的线形模型。

$$Y = \beta_0 + \beta_1 X_1 + \cdots + \beta_n X_n + \varepsilon \tag{2-8}$$

式中，

β_0——常数项；

β_n——自变量；

X_n——回归系数；

ε——随机误差服从正态分布；

在模型中，分别使主效应和交互效应为 0，且设定最小二乘估计的剩余效应不受影响，设计矩阵满足以下条件：

$$S = X^\mathrm{T} X = \begin{bmatrix} S_1 & & & \\ & S_2 & & \\ & & \ddots & \\ & & & S_n \end{bmatrix} \tag{2-9}$$

式中，S_1，S_2，…，S_n 都是方阵，每一方阵对应于一组效应。对于某个因素 X_i 对指标 Y 只求显著性影响次序不做定量结论，对式（2—9）中的回归系数不用求解，只需要按照式（2—9）进行试验。

设 m 为因素评分水平数，a_i 表示因素 a 的第 i 水平，$i = (1, 2, 3, \cdots, m)$；X_{ij} 表示因素 j 的第 i 水平值；在 X_{ij} 下进行试验得到因素 j 的第 i 水平的试验结果指标 Y_{ij}，Y_{ij} 服从正态分布。在 X_{ij} 下做 n 次试验得到 n 个试验结果，分别为 Y_{ijk}（$k = 1, 2, 3, \cdots, n$）。计算：

$$K_{ij} = \sum_{k=1}^{n} Y_{ijk} \tag{2-10}$$

式中，

K_{ij}——因素 j 的第 i 水平值下的统计参数；

N——因素 j 的第 i 水平下的实验次数；

Y_{ijk}——因素 j 在 i 水平值第 k 个试验结果指标值。

（二）失效因素的敏感性分析

1. 第三方破坏影响因素

根据上述构建的风险层次结构表可知，第三方破坏包括六种因素，并且因不同因素划分的评价等级不同，需根据实际情况重新进行调整。例如，管道埋深分数＝13.1C（C 为所评价管道处土质地面的最小深埋，m），而在管道设计规范中，要求埋地管道管顶覆土最小深度是不能小于 0.8 m，因此取 10 分；最大深埋分值不超 20 分。活动水平在原来所设水平基础上，增加一个水平等级（18 分）。地面设施评分水平在综合了原来的设置水平之后，将其设置为五个等级。另外，公共教育在原评价水平中，采用插值法增加了 15 分和 25 分这两个等级。管道线路状态按原评分法没有变化。巡线频率按照原来的要求设置水平，但除去一周一次的巡线分（6 分）和除去不存在不巡线情况（0 分）。第三方破坏因素调整后的水平见表 2-1。根据因素水平表（表 2-1）进行正交试验，对各个因素的不同水平的评价进行正交分析。

表 2-1 因素水平表

水平序号	最小埋深	活动水平	地面设施	公共教育	巡线频率	线路状态
1	10	0	1	10	2	0
2	13	8	3	15	4	1
3	16	15	5	20	8	2
4	18	18	8	25	10	3
5	20	20	10	30	2	5

采用多因素正交试验，将第三方破坏敏感性分析中所得的 25 个观测数据进行正态分

布性检验。如图 2-5 所示，除个别点外，其余各点基本满足正态分布。

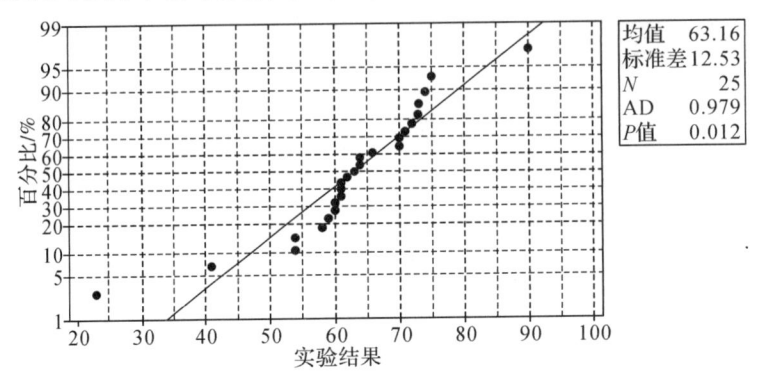

图 2-5　正交试验结果图

将得到的各因素的敏感性的大小进行归一化处理化为百分比，代表各因素敏感性权重，并与管道风险评分法中的各失效因素权重曲线绘制在同一幅图中，如图 2-6 所示。

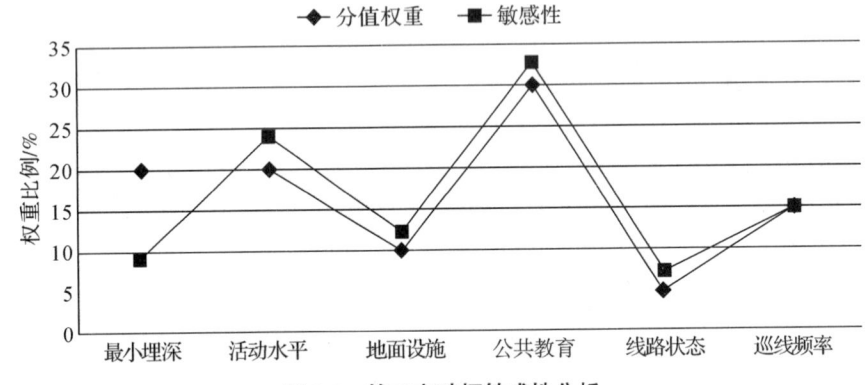

图 2-6　第三方破坏敏感性分析

从图 2-6 中可知，各失效因素敏感性权重从大到小排序为：公共教育＞活动水平＞巡线频率＞地面设施＞最小埋深＞线路状态。其中，公共教育与活动水平属于可变因素，对管道指数的敏感性较大，因此较原权重有所上升；巡线频率的敏感性权重与原权重大小相同，证明该项权重设立的较为合理；而管道埋深指数属于不可变的因素，其分值的确定途径主要是依据标准规范，且一旦确定，分值在同等深埋但环境不同的管段中大小相同，这样的评定对第三方破坏因素影响不大，然而其在评分法中却占有 20% 的权重，就管道的实际情况来说，缺乏一定的合理性。因此，在敏感性分析中其敏感性所对应的权重应适当地减小。

2. 腐蚀影响因素

腐蚀影响因素中的二级因素只有两类，因素种类较少，故可直接对其相应的三级因素进行敏感性分析。将其中的内腐蚀中 2 个三级因素归为一类影响因素，则腐蚀影响因素可概括为 11 类影响因素，根据上述调整方法，并对 11 类因素 5 个水平等级进行正交试验，计算分析，结果如图 2-7 所示。其中，各影响因素可分为：内腐蚀权重占 21%；外腐蚀的权重占 69%，其下级因素包括阴极保护、防腐层状况、土壤腐蚀性、管道系统服役时间、其他金属埋地物、交流干扰电流、应力腐蚀、测试桩、密间隔管地电位以及管道堵等因素。

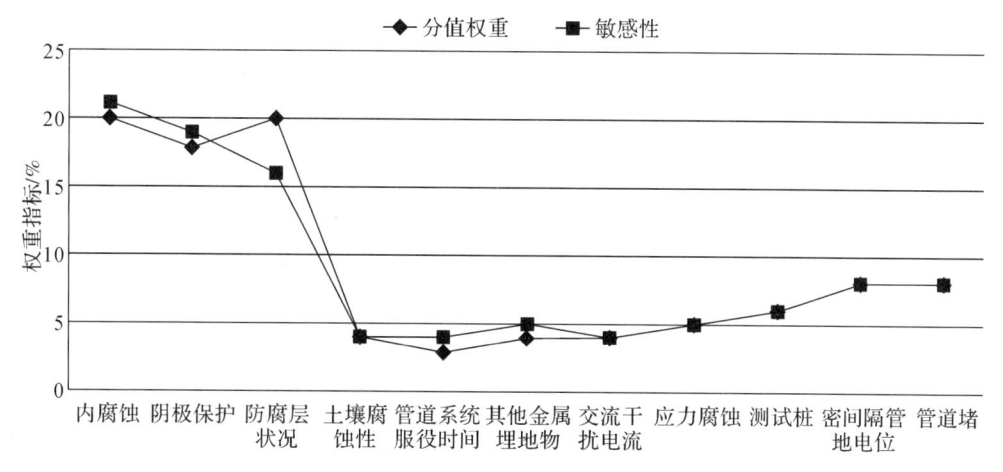

图 2-7　腐蚀因素敏感性分析

从图 2-7 中可以看出，内腐蚀最大，其次是阴极保护和防腐层状况，各因素敏感权重大小为：内腐蚀＞阴极保护＞防腐层状况＞密间隔管地电位＝管道堵＞测试桩＞应力腐蚀＝其他金属埋地物＞土壤腐蚀性＝管道系统服役时间＝交流干扰电流。

3. 设计影响因素。

设计影响因素中的各二级因素分别划分为 5 个层次水平来进行正交试验，其结果如图 2-8 所示，敏感性权重大小与各因素分值权重近乎相同。

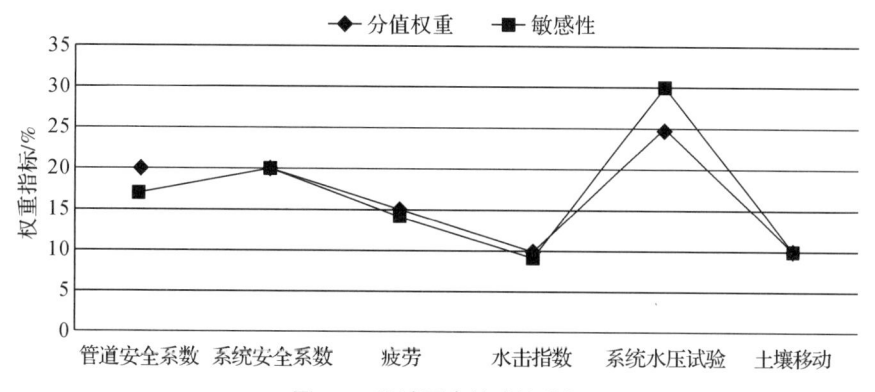

图 2-8　设计因素敏感性分析

由图 2-8 可知，其各因素的敏感性权重大小为：系统水压试验＞系统安全系数＞管道安全系数＞疲劳＞土壤移动＞水击指数。

4. 误操作影响因素。

采用相同的划分方法，对误操作中的二级影响因素如设计、施工、操作、运行的评价水平进行划分整理，确定各误差因素有 5 个层次的评价水平，其结果如图 2-9 所示。

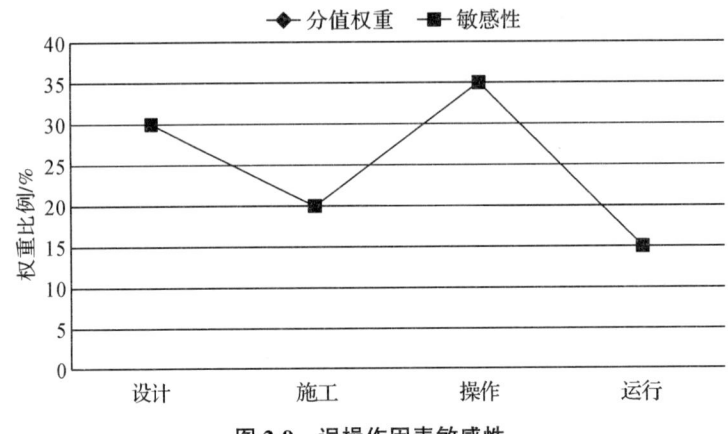

图 2-9 误操作因素敏感性

从图 2-9 中可知，误操作因素下二级因素的分值权重与敏感性权重相同。采用相同方法对各二级因素下的三级因素进行敏感性分析，其结果如图 2-10 所示。

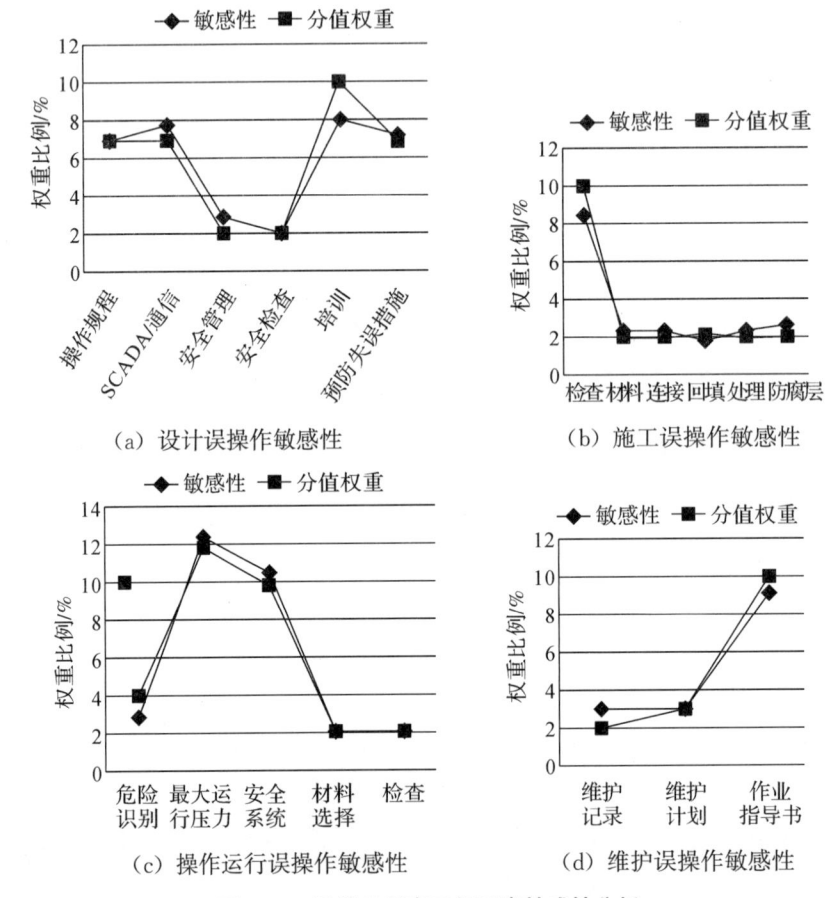

(a) 设计误操作敏感性

(b) 施工误操作敏感性

(c) 操作运行误操作敏感性

(d) 维护误操作敏感性

图 2-10 误操作因素三级因素敏感性分析

由图 2-10 可知，在误操作因素的各三级因素的敏感性权重与其分值权重相差不大，个别因素的敏感性权重与原权重相同。此外，在研究各级因素的敏感性的同时，结合原权重，重新确立评分法中各次级因素的权重，对管道风险评分法的权重进行调整。

四、失效因素的权重计算过程研究

因素结构表确定后,需要对各级因素权重进行确定。由于一级因素数量少,其分值权重无水平划分,因此一级因素只能采用熵权理论确定,而其余各级因素在各管段间差异较小,无序性小,故只需在敏感性分析后结合原因素权重进行重新确定,具体分析步骤如下:

(1) 根据式(2—7)~式(2—9)确定一级失效因素权重值 ω_j。

(2) 进行敏感性分析后,确定各次级失效因素敏感性权重 B_j,B_j 为第 j 个因素的敏感性权重($j=1,2,3,\cdots,m$)。

(3) 选取评分法中各次级因素权重 C_j。

(4) 确定各次级因素最终权重。其计算公式为:

$$x_j = \frac{C_j + B_j}{2} \tag{2—11}$$

(5) 根据权重调整各因素的风险评分,计算各因素的最后得分。一级因素计算公式如下:

$$P_j = \frac{400\omega_j r_j}{100} = 4\omega_j r_j,\ j=1,2,3,4 \tag{2—12}$$

式中,

r_j——原风险评分法中第 j 项因素的得分。

P_j——风险评分法改进后第 j 项因素的得分。

(6) 各次级因素得分则由式(2—13)计算得出。

$$p_j = \frac{P_j x_j r_j}{100} C_j \tag{2—13}$$

五、制定风险减缓措施

为了降低管道的风险,使管道处于安全的运行状态。这需要对管道的风险状态进行一定的维护。通过对管道评分中分数较低的可变因素(预防措施)项进行整改,提高管道的相对风险数,维护管道的安全运行。管道失效因素的具体改进策略如下:

第一,在第三方破坏中,可变因素中线路状态和巡线频率的分值都已达到满分,公共教育已采取的措施包括:与管道沿线政府官员每年一次会议,对社区居民进行经常性教育,以及与当地承包商或挖掘单位每年一次会议。但从管道的事故调查报告来看,打孔盗油现象仍然存在,故可在报刊上每年登载一次宣传广告等措施提高公众教育的分值,使第三方破坏的可能性降到最低。

第二,在腐蚀破坏中,密间隔管地电位测量每年都做,阴极保护每月测量一次,均已达到最高分。未达到期望值的项目包括管道内防腐、管道堵检测，进行管道堵检测可以大大提高管道安全性。

第三，设计中只有疲劳、水击指数、系统水压试验和土壤移动属于可变因素，其他均属于不可变因素。在这些可变因素里，由于发生水击的可能性很小，因此，水击指数已经达到了最大值。疲劳的产生则主要是由管道穿越道路造成的。如果想提高其分值可能性也不大。重做系统水压试验、改变土壤移动提高分值的可能性最大，但操作性差。

第四，误操作中次级因素都是可变因素，其中设计、施工误操作的指标在运行阶段已经无法改变，而在运行误操作中，操作规程的有效性和及时性有待进一步完善，即可对管道展开一些检验察看，如阴极保护、周边情况等。另外，还可对管道管理中的各相关人员均按各岗位培训要求和内容进行必要的培训，而且其内容及计划均要有一定的改进。

第三章 管道腐蚀速率预测

第一节 埋地管道腐蚀速率预测

目前，管道主要受到外腐蚀因素的影响，腐蚀机理复杂且受到多种因素的共同作用，通常来说，管道需要定期进行腐蚀检测，并开挖检测已确定的薄弱管段，以获悉腐蚀缺陷详细情况。参照腐蚀缺陷参数，结合方程拟合出管道的腐蚀发展趋势，从而预测该区域管段的剩余使用寿命。显然，检测出的数据越多拟合效果越佳。因此，腐蚀趋势预测与管道腐蚀检测、监测频次及检测数据的准确性、可靠性、代表性密切相关。但目前，我国大部分企业缺少管道检测的意识，缺乏丰富的管道检测数据。在此种情况下，就需要在腐蚀检测、监测的基础上借助相应的机器学习方法、模型等研究分析管道在不同时间、不同环境下的腐蚀趋势，特别是腐蚀速率的预测。

一、广义回归神经网络

广义回归神经网络（Generalized Regression Neural Network，GRNN）是一种基于非线性回归理论的神经网络模型，对样本具备较好的预测效果。[①] GRNN 的核心是径向基函数网络，非线性逼近性能良好，充分地将 GRNN 的特性应用于埋地管道腐蚀预测领域，可使埋地管道腐蚀失效研究的智能化应用向前迈进一大步。

假定 x、y 为随机变量，其联合概率密度函数为 $f(x, y)$，若 x 的观测值为 X，函数 y 基于 X 的值为 Y，其数学期望 $\hat{Y}$ 为：

$$\hat{Y} = E(y|X) = \frac{\int_{-\infty}^{+\infty} y f(X, y) \mathrm{d}y}{\int_{-\infty}^{+\infty} f(X, y) \mathrm{d}y} \tag{3-1}$$

若随机变量 x 的维数、光滑因子和学习样本数分别为 d，σ 和 n，且 $f(x, y)$ 服从正态分布，则有：

$$\hat{f}(X, Y) = \frac{1}{n(2\pi)^{(d+1)/2} \sigma^{(d+1)}} \cdot \sum_{i=1}^{m} \mathrm{e}^{-\frac{(X-X_i)^\mathrm{T}(X-X_i)}{2\sigma^2}} \mathrm{e}^{-\frac{(Y-Y_i)^2}{2\sigma^2}} \tag{3-2}$$

[①] 胡振. PSO 优化 GRNN 在显示卡超频仿真测试中的应用 [J]. 计算机测量与控制，2014，22（4）：1263-1266.

用 $\hat{f}(\boldsymbol{X}, Y)$ 取代 $f(x, y)$，代入式（3-1）中，并交换积分与求和顺序，整理可得

$$\hat{Y} = \sum_{i=1}^{N} Y_i e^{-\frac{(\boldsymbol{X}-\boldsymbol{X}_i)^T}{2\sigma^2}} \Big/ \sum_{i=1}^{N} e^{-\frac{(\boldsymbol{X}-\boldsymbol{X}_i)^T}{2\sigma^2}} \tag{3-3}$$

若由 $\boldsymbol{X}_i$、Y_i 学习得到 P_i

$$\begin{cases} P_i = e^{-\frac{(\boldsymbol{X}-\boldsymbol{X}_i)^T(\boldsymbol{X}-\boldsymbol{X}_i)}{2\sigma^2}}, & i=1, 2, 3, \cdots, n \\ S_D = \sum_{i=1}^{m} P_i \\ S_N = \sum_{i=1}^{m} Y_i P_i \end{cases} \tag{3-4}$$

将式（3-4）代入式（3-3）中，有

$$\hat{Y} = E(Y|\boldsymbol{X}) = \frac{S_N}{S_D} \tag{3-5}$$

值得注意的是，光滑因子 σ 很大程度上决定了神经网络模型性能的优劣，因而其取值需要优化。若光滑因子取值非常大，则 $\hat{Y}$ 趋近于所有样本自变量的期望；若光滑因子取值非常小，则 $\hat{Y}$ 与训练样本的值非常接近。当需要预测的样本点在训练样本集时，预测值特别逼近样本的期望输出，此时若用于新的样本数据，则预测效果急剧变差，即神经网络模型泛化能力因此丧失，该现象被称为过拟合。

（一）GRNN 结构

广义回归神经网是基于径向基函数网络的一种改进，由四层网络构成，其结构如图3-1所示。对网络输入 $\boldsymbol{X} = [x_1, x_2, \cdots, x_n]^T$，其输出为 $\boldsymbol{Y} = [y_1, y_2, \cdots, y_k]^T$，其中训练样本的维数为 M。每层网络的具体内容如下。

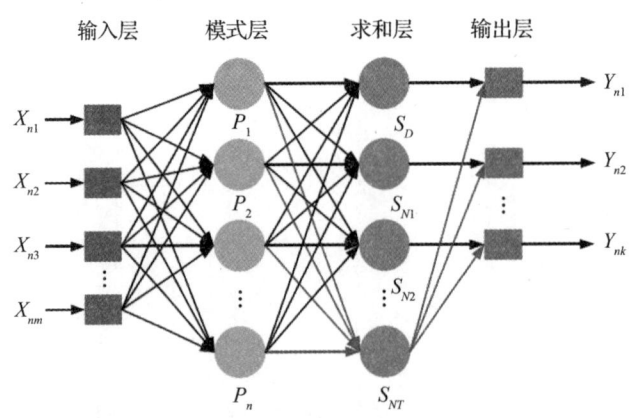

图 3-1　GRNN 结构

1. 输入层

作为样本数据的输入层,神经元数与训练样本中输入向量的维数 M 始终保持一致,并利用简单的线性传输函数,将输入变量直接传递到模式层。

2. 模式层

模式层神经元数与学习样本数 n 相等,神经元与样本一一对应,模式层神经元传递函数为:

$$P_i = e^{-\frac{(\boldsymbol{X}-\boldsymbol{X}_i)^T(\boldsymbol{X}-\boldsymbol{X}_i)}{2\sigma^2}}, \quad i=1,2,3,\cdots,n \tag{3-6}$$

式中,$\boldsymbol{X}$ 为网络输入变量;X_i 为第 i 个神经元对应的训练样本。

神经元 i 的输出为输入变量与其对应样本 $\boldsymbol{X}$ 之间欧氏得距离平方 $D_i^2 = (\boldsymbol{X}-\boldsymbol{X}_i)^T(\boldsymbol{X}-\boldsymbol{X}_i)$ 的指数形式。

3. 求和层

求和层的神经元有两种类型。

一种方程为 $P_i = \sum_{i=1}^{N} e^{-\frac{(\boldsymbol{X}-\boldsymbol{X}_i)^T(\boldsymbol{X}-\boldsymbol{X}_i)}{2\sigma^2}}$,所有模式层神经元的输出都会被该方程求和,其模式层以权重值 1 与各神经元连接,传递函数为:

$$S_D = \sum_{i=1}^{m} P_i \tag{3-7}$$

另一种方程是 $P_{nj} = \sum_{i=1}^{N} Y_i e^{-\frac{(\boldsymbol{X}-\boldsymbol{X}_i)^T(\boldsymbol{X}-\boldsymbol{X}_i)}{2\sigma^2}}$,所有模式层的神经元都会被它加权求和,第 j 个模式层神经元与第 k 个求和层神经元之间以权值 w_{jk} 相连,训练样本里第 j 个输出向量里的第 k 个元素为 y_{jk},即 $w_{jk} = y_{jk}$,其传递函数为:

$$S_{nk} = \sum_{j=1}^{N} w_{jk} P_{nj}, \quad n=1,2,3,\cdots,N; \quad k=1,2,3,\cdots,K \tag{3-8}$$

4. 输出层

输出层中的神经元数与训练样本中输出向量的维数 k 相等,求和层的输出除以各输出层的神经元,得输出层神经元的输出为:

$$y_{nk} = \frac{S_{nk}}{S_{nT}}, \quad n=1,2,3,\cdots,N; \quad k=1,2,3,\cdots,K \tag{3-9}$$

(二) 可行性分析

由于管道腐蚀历史数据具有样本少、非线性等特征,因此以线性方法为主的统计预测模型的预测结果精度不高,误差较大。随着 BP 神经网络和支持向量机等机器学习算法的引入,现在能够较好解决非线性映射问题,但在实践操作中,BP 神经网络的预测精度需要大量训练样本作为保证,而支持向量机的参数选取复杂,其预测结果也并不理想。而本书提出的 GRNN 则可以有效地避免这一缺点。

综合国内外 GRNN 最新的研究领域和科研成果,总结广义回归神经网络预测模型具有以下优点。

1. 非线性映射能力良好

GRNN 作为径向基函数网络的重要分支,具有良好的非线性映射能力。由于影响埋地管道腐蚀因素众多,因此函数表达式难以准确描述其关系,运用 GRNN 预测模型进行埋地管道腐蚀预测,能较精确地解析出管道腐蚀速率与各影响因素间的非线性关系而不需要确定的函数表达式。

2. 建模需要样本数量少

要保证 BP 网络预测精度的前提是训练样本数为连接权数目的 10 倍。比如,对于一个三层的 BP 网络,若输入维数、隐含层节点数和输出层节点数分别为 7、10 和 1,则有 91 个连接权数目,若要达到满意的预测精度,则需要 910 个训练样本,但这远远超过管道实际能够收集到的样本数量。同时,有学者指出,与 BP 网络获得同样的预测精度,GRNN 仅需前者 1.0% 的样本数。因此,考虑到埋地管道历史数据匮乏,采用 GRNN 更能达到预期的精度标准。

3. 人为确定的参数少

相比于 BP 神经网络算法,GRNN 的突出特点是其在学习的过程中不必调整网络间的连接权数目,只需确定光滑因子这一个参数,并且网络的学习只取决于样本数据本身。尤其是 GRNN 不必人为干预传递函数、隐层神经元数目等对模型预测性能可能产生较大影响的网络结构参数。另外,与支持向量机需要选取核函数和调整核参数以及惩罚因子等凭经验和实验等方式确定相比,GRNN 能尽可能地减小人为主观因素对预测结果的影响。

综上可知,优秀的非线性映射能力和只需小样本量的特性决定了 GRNN 能较好地适应埋地管道腐蚀预测的样本量少和非线性腐蚀的特点,即表明采用 GRNN 预测模型进行腐蚀趋势预测是科学合理的。

二、改进的粒子群算法

粒子群优化(Particle Swarm Optimization,PSO)算法是一种基于种群的随机优化技术,粒子群优化算法模仿昆虫、兽群、鸟群和鱼群等的群集行为,这些群体按照一种合作的方式寻找食物,群体中的每个成员通过学习自身和其他成员的经验来不断改变其搜索模式。这里主要考虑 GRNN 中参数选择的问题,所以引入了粒子群算法来优化选取 GRNN 中的光滑因子。同时,鉴于传统粒子群算法不能很好地平衡前后期的搜索性能,还要对粒子群算法进行相应的改进,使其在实际工程上能取得更好的预测效果,为后续

GRNN 的建模奠定基础。此外，PSO 操作更加简便易懂且收敛效果好，因此在较多领域都得到了推广应用。

（一）粒子群算法原理

跟大多数优化算法思想类似，粒子群算法的基础也是依据种群合作和适应度完成目标寻优的。依据适应度函数，在每次迭代过程中，种群个体对自身进行位置调整，迭代若干次后达到收敛或预设精度是该类算法具有的共同特征，其具体原理是粒子群中的粒子以某种速度在多维解空间中运动，依据自身适应度和群体最优适应度来改变其速度和位置。

若存在 D 维搜索空间及 n 个粒子组成的种群，各个粒子的具体属性定义如下，其中 $1 \leqslant d \leqslant D$，$1 \leqslant i \leqslant N$。

$$X_i = (x_{i1}, x_{i2}, x_{i3}, \cdots, x_{id}, \cdots, x_{iD}), x_{id} \in [L_d, U_d] \tag{3-10}$$

$$V_i = (v_{i1}, v_{i2}, v_{i3}, \cdots, v_{id}, \cdots, v_{iD}), v_{id} \in [V_{d,\min}, V_{d,\max}] \tag{3-11}$$

$$P_i = (p_{i1}, p_{i2}, p_{i3}, \cdots, p_{id}, \cdots, p_{iD}) \tag{3-12}$$

$$P_g = (p_{g1}, p_{g2}, p_{g3}, \cdots, p_{gd}, \cdots, p_{gD}) \tag{3-13}$$

其中，粒子 i 的位置是随时间 t 动态变化的，如式（3-10）所示，U_d 和 L_d 分别是 D 维空间中元素的上界和下界。式（3-11）为粒子的速度坐标，$V_{d,\min}$ 和 $V_{d,\max}$ 分别为第 d 维空间的最低速度和最高速度。式（3-12）和式（3-13）分别为个体的最佳位置和全局最佳位置。

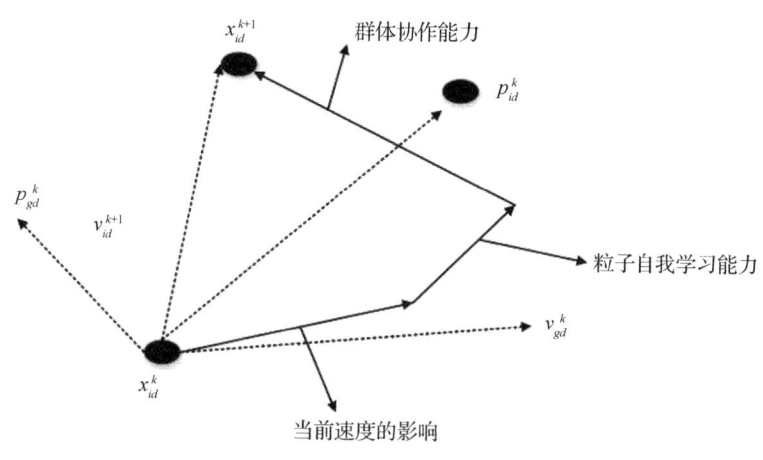

图 3-2　PSO 位置更新

图 3-2 为粒子位置更新图。在每次迭代过程中，粒子通过式（3-14）和式（3-15）更新自身速度和位置，即

$$v_{id}^{k+1} = \omega v_{id}^k + c_1 r_1 (p_{id}^k - x_{id}^k) + c_2 r_2 (p_{gd}^k - x_{id}^k) \tag{3-14}$$

$$x_{id}^{k+1} = x_{id}^k + v_{id}^{k+1} \tag{3-15}$$

式中，ω 为惯性权重；$d = 1, 2, 3, \cdots, D$；$i = 1, 2, 3, \cdots, n$；k 为当前迭代次数；c_1、c_2 为学习因子；r_1、r_2 随机取值区间为 [0, 1]。

由式（3—14）和式（3—15）可知，粒子的状态改变主要取决于前一代搜索速度、粒子历代最佳位置和群体历代最佳位置三个因素。其中，粒子当前速度代表粒子的运动惯性，粒子历代最佳位置和群体最佳位置分别表示粒子的学习能力和群体学习能力。

（二）粒子群算法参数改进

1. 惯性权重的改进

惯性权重又称收缩因子，其取值很大程度上决定了PSO算法的寻优能力和搜索速度。惯性权重越大，其算法的整体寻优能力越强，但容易越过最优解；而惯性权重越小，其算法的局部搜索能力越强，有利于在小范围内精确搜索，但不利于算法快速收敛。事实上，PSO常规的惯性权重控制方案是使 ω 线性递减，但这会降低算法在迭代后期的局部寻优能力。因此，为了更好地提高PSO算法的局部搜索能力，经多次试验，将惯性权重设置为非线性变化，如式（3—16）所示：

$$\omega_i^k = \omega_{\max} - (\omega_{\max} - \omega_{\min})\sqrt{\frac{k}{N}} \qquad (3-16)$$

式中，

N——预先给定的最多迭代次数；

ω_i^k——第 i 个粒子在第 k 次迭代中的取值；

$\omega_{\max}$、$\omega_{\min}$——惯性权重取值的最大值和最小值。

2. 学习因子的改进

学习因子 c_1 和 c_2 的大小分别反映了PSO算法中粒子的自我学习能力和群体合作能力，在寻优迭代过程中，这两种能力呈现非线性变化趋势。在迭代初始阶段，要求粒子的自我学习能力较大、群体协作能力较小，利于全局搜索；在迭代后期，要求粒子的群体协作能力较大，自我学习能力较小，利于局部精细搜索，从而避免陷入局部最优。标准PSO算法则将 c_1 和 c_2 均设为2，因此无法体现这种变化。基于此，这里对学习因子进行改进，由于余弦函数在半个周期内单调递减的特性正好满足上述要求，因此，引入余弦函数，其表达式如下：

$$\begin{cases} c_1 = 2\sqrt{\cos\left(\frac{\pi}{2} \times \frac{k}{N}\right)} \\ c_2 = 2\sqrt{1-\cos\left(\frac{\pi}{2} \times \frac{k}{N}\right)} \end{cases} \qquad (3-17)$$

式中，c_1、c_2 分别是单调递减函数和单调递增函数，取值范围为 [0, 2]。

（三）粒子群算法流程

如图3-3所示，改进粒子群算法的寻优步骤具体如下：

第一步：种群初始化，设置PSO算法粒子数、粒子维数、适应度函数表达式、学习因子和迭代次数等参数,同时,对粒子的速度和位置随机初始化,求解当前粒子群的个体最优值和全局最优值。

第二步:依据适应度函数逐个求解各粒子的适应度值。

第三步:对每个粒子,比较其当前适应度值与历代最佳位置。如果前者更优,则将其作为当前该粒子的最佳位置。

第四步:对每个粒子,将其适应度值与整个粒子群当前的最佳位置作比较。如果前者更优,则将其作为当前全体粒子的全局最佳位置。

第五步:根据式(3—14)和式(3—15)更新粒子的速度和位置。

第六步:迭代终止条件一般依据具体问题设置为最大迭代次数或预设精度。若终止条件不符合,则退回第二步继续迭代更新粒子的速度和位置,继而求出适应度,否则循环终止。

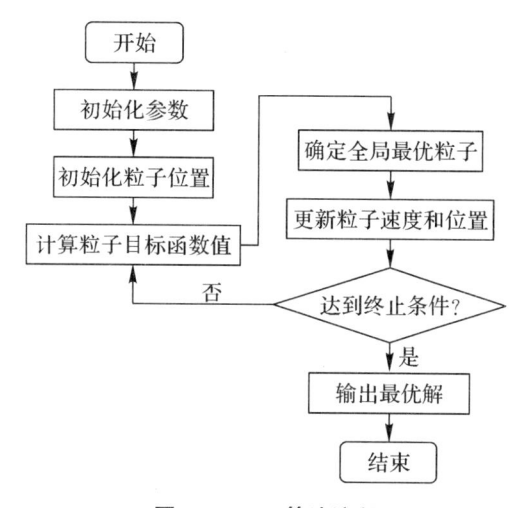

图 3-3 PSO 算法流程

(四)粒子群算法性能验证

1. 测试函数

为测试粒子群算法的优化性能,这里选用 Sphere 函数、Rosenbrock 函数、Rastrigin 函数和 Ackley 函数(表 3-1),分别测试算法的迭代收敛能力、获取极值能力及全局搜索能力和跳出局部最优能力。其中,Sphere 和 Rosenbrock 为单峰测试函数,只有一个全局最优解,其他为多峰测试函数。

表 3-1 基准函数

函数	表达式	维数	定义域	理论最小值
Sphere	$f_1(x) = \sum_{i=1}^{D} x_i^2$	30	[−100,100]	0

续表

函数	表达式	维数	定义域	理论最小值
Rosenbrock	$f_2(x) = \sum_{i=1}^{D}[100(x_{i+1}+x_i^2)+(x_i-1)^2]$	30	$[-100,100]$	0
Rastrigin	$f_3(x) = \sum_{i=1}^{D}[x_i^2 - 10\cos(2\pi x_i)+10]$	30	$[-5.12,5.12]$	0
Ackley	$f_4(x) = -20\exp\left(-0.2\sqrt{\frac{1}{D}\sum_{i=1}^{D}x_i^2}\right) - \exp\left(\frac{1}{D}\sum_{i=1}^{n}\cos 2\pi x_i\right)+20+e$	30	$[-100,100]$	0

注：e 与目标函数值相关，目标函数值越优自身亮度越高。

2. 实验参数设置

为保证测试结果的公正性，实验设置相同的种群规模 $N=50$ 和最大迭代次数 $T=2000$，四种算法的其他参数设置见表3-2。

表3-2 优化算法参数设置

优化算法	参数设置
ABC	控制参数 Limit=2400
FA	最大吸引度 $\beta_0=2$，光强吸收系数 $\gamma=1$，步长因子 $\alpha=0.2$
GWO	初始值 $\alpha=2$
PSO	$\omega_{max}=0.8$，$\omega_{min}=0.2$

此外，每个测试函数均独立运行30次，以最优值、平均值和标准差作为算法性能的评判标准，为确保可信度，部分算法的优化结果源自相关参考文献，其优化结果见表3-3。

表3-3 四个测试种函数优化对比结果

函数	评判标准	ABC	FA	GWO	PSO
$f_1(x)$	最优值	5.40e−11	3.15e−34	1.12e−40	3.31e−148
	平均值	1.21e−11	4.21e−34	1.00e−31	7.09e−145
	标准差	4.90e−06	5.26e−35	2.23e−31	1.72e−144
$f_2(x)$	最优值	2.49e−02	0.8273	1.4968	0.3154
	平均值	1.71e+00	0.5629	1.5672	0.3746
	标准差	1.5447	0.4735	1.0878	0.2232
$f_3(x)$	最优值	3.83e−12	27.8588	23.8790	0
	平均值	5.34e−07	54.2703	44.5469	2.84e−15
	标准差	1.37e−03	20.9024	14.6982	1.24e−14

续表

函数	评判标准	ABC	FA	GWO	PSO
$f_4(x)$	最优值	$2.97e-09$	$7.99e-15$	$2.93e-14$	$7.99e-15$
	平均值	$2.12e-07$	$1.54e-14$	$5.53e-14$	$8.88e-15$
	标准差	$5.73e-04$	$5.80e-15$	$2.99e-14$	$2.21e-15$

注：e 与目标函数值相关，目标函数值越优自身亮度越高。

3. 结果分析

由表3-3可以看出，就单峰函数而言，改进 PSO 算法的迭代寻优能力和收敛精度要明显优于其他3种算法；就对于多峰函数而言，改进 PSO 算法能够避开局部最优，具有跳出局部收敛的良好性能，表现出了较好的局部搜索能力。综上所述，改进 PSO 算法的迭代寻优能力和寻找极值能力要明显优于其他智能优化算法。

三、腐蚀速率预测模型的建立

为精简管道样本数据、降低腐蚀特征维度，建议首先采用 RS 理论中的属性约简对腐蚀因素进行特征选择，然后将约简后的样本数据作为 GRNN 模型的输入，最后采用改进的 PSO 算法进行网络参数的优化选取，构建埋地管道腐蚀速率预测模型，其基本架构如图3-4所示。

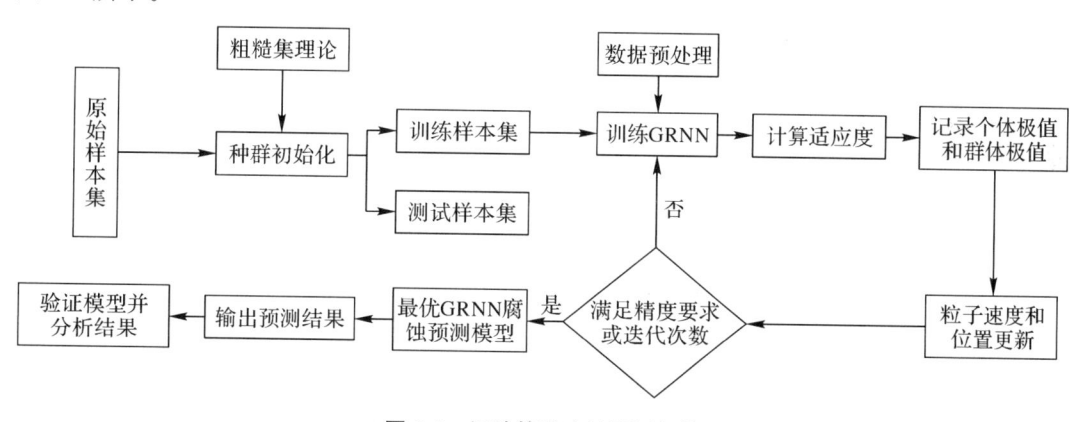

图 3-4 埋地管道腐蚀预测架构

（一）建模步骤

基于 RS−PSO−GRNN 的埋地管道腐蚀预测模型基本步骤如下：

第一步，构建指标体系。根据实际工程背景，收集并整理埋地管道原始数据集，归纳、整理并总结管道腐蚀因素，确定原始样本集。

第二步，离散化数据及建立决策表。决策表包括条件属性集和决策属性集，其中条件属性集为选择的特征指标，决策属性集为获取的管道腐蚀速率。

第三步，属性约简。在维持条件属性和决策属性之间不可辨识关系不变的条件下，运用属性约简删除决策表中的冗余（冲突）属性，获得核心指标属性集。

第四步，数据标准化处理。鉴于各指标量纲不一致，归一化处理核心指标数据集，并轮流划分训练样本集和测试样本集。

第五步，训练模型。将训练样本集作为模型的输入，选取合适的适应度函数，利用改进的 PSO 寻找最佳的光滑因子 σ，确定最优的 RS－PSO－GRNN 模型。

第六步，分析结果。将测试样本输入训练好的 RS－PSO－GRNN 模型中，获得网络输出预测结果，比对分析结果并验证模型性能。

（二）数据标准化

数据标准化是指将样本的属性值按比例缩放至某特定区间内，数据标准化的原因如下：其一，数量级的差别将导致量级较大的属性占有巨大优势；其二，数量级的差异会严重降低算法的迭代收敛速度；其三，牵涉到样本距离的算法对数据量级特别敏感。常见的数据标准化有以下两种方式：

1. min－max 标准化

$$x_{ij}^* = \frac{x_{ij} - \min\{x_j\}}{\max\{x_j\} - \min\{x_j\}} \tag{3-18}$$

该方法实现了对原始数据的等比例缩放到 [0, 1] 区间，其中 x_{ij} 为第 i 个管道样本的第 j 个属性值，$\max\{x_j\}$ 和 $\min\{x_j\}$ 分别为第 j 个属性值的最大值和最小值，x_{ij}^* 为标准化后的结果。

2. z－score 标准化

该方法是根据原始数据的均值和标准差标准化数据，其中 $\mu(j)$ 为第 j 个属性值的均值，$\sigma(j)$ 为第 j 个属性值的标准差，$x(ij)_{\text{norm}}$ 为标准化后的第 i 个样本第 j 个属性值。

$$\begin{aligned} \mu(j) &= \frac{1}{n}\sum_{i=1}^{n} x_{ij} \\ \sigma(j) &= \sqrt{\frac{1}{n}\sum_{i=1}^{n}[x_{ij}-\mu(j)]} \\ x(ij)_{\text{norm}} &= \frac{x_{ij}-\mu(j)}{\sigma(j)} \end{aligned} \tag{3-19}$$

综合而言，在特定场景下，最大值和最小值是变化的，且极易受到样本离散点的影响，因此，min－max 标准化方法的鲁棒性较差，仅适用于传统精确小数据场景。而 z－score 标准化方法即使出现异常点，由于其具有一定的数据量，少量的异常点对均值的影响并不大，方差的改变也很小，因此，z－score 标准化比较稳定，即对异常数据不敏感。

（三）算法设计思想

1. 适应度函数选取

这里采用均方根误差（Root Mean Square Error，RMSE）来作为 PSO 算法的适应度函数，RMSE 可作为衡量预测值和真实值之间真实误差的标准，且对出现较大误差的预测结果很敏感，若预测值与真实值偏离较远，RMSE 的值将急剧增大。因此，选用均方根误差较为合适，其公式如下：

$$RMSE = \sqrt{\frac{1}{n}\sum_{i=1}^{n}(y_i - \hat{y}_i)^2} \qquad (3-20)$$

式中，y_i 为第 i 个样本的真实值，$\hat{y}_i$ 为第 i 个样本的预测值，n 为样本数（在后面内容中重复出现字母、符号不再赘述其含义）。

2. 预测性能方法设计

为对模型的预测性能进行客观、合理地评判，并在管道数据并不丰富的条件下最大化的依赖样本对算法的预测性能进行评估，通常可借助交叉验证（Cross Validation，CV）法进行验证。该方法的理论基础为划分管道数据集为训练数据集和测试数据集，其中训练数据集用来训练预测模型，然后利用训练好的预测模型预测测试数据，得出输出结果。鉴于 CV 法解决回归预测问题既可防止过拟合又可防止欠拟合，因此其应用广泛。目前，主流的 CV 法包括 K 折交叉验证法（K-Fold，Cross Validation）和留一交叉验证法（Leave-One-Out Cross Validation，LOO-CV）。

K 折交叉验证法是将样本随机分为 k 个子集，每个子集有且仅有一次作为测试样本的机会，用剩下的 $k-1$ 个子集组成的训练样本来训练预测模型，依次执行 k 次后，k 次预测结果的平均值就是预测准确率。k 通常设为 3~10，交叉验证步骤如图 3-5 所示。

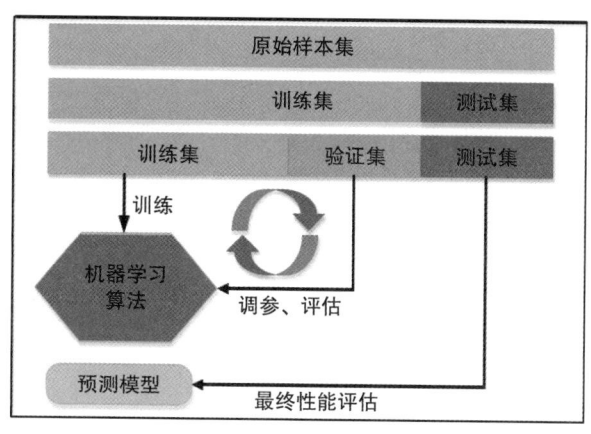

图 3-5 交叉验证步骤

留一交叉验证法的理论基础为：若有 n 个样本的原始数据，则逐次不重复的取出一个样本作为测试数据，剩下的 $n-1$ 个样本数据作为训练集来训练预测模型，可得到 n 个预测模型，求出这 n 个模型的预测精度的均值即当作该预测模型的性能评估指标。与 K 折交叉验证法相比，该方法的特点是可最大化地利用样本数据进行预测模型的训练，因此获取的预测模型评估结果不仅较为科学合理，而且可以避免数据的随机性干扰预测模型的预测精度，但其也存在不足，即计算量非常大，尤其是样本数据为大样本时，该算法几乎无法承受时间上的等待。

（四）模型验证

管道腐蚀进行预测是依据过去和现在的管道实际腐蚀状况推测未来的管道腐蚀趋势情况。基本流程是：先利用样本期内的部分样本集进行构建预测模型，通过模拟历史数据复现样本期的情况，这部分被称为历史模拟。再利用预测模型进行外推预测，一般分为事前预测和事后预测两类。其中，事后预测只针对样本期内已发生过的某些时期所进行的预测；事前预测则指对于还未发生的未来情况所进行的预测。预测检验方式如图3-6所示。

图 3-6 预测检验方式

通常来说，预测模型预测性能的优劣应以事前预测结果作为衡量标准，但未来情况不可知，无法做出评价。因此，在实际预测工作中，一般采用拟合检验和外推检验两种方法进行评价。

1. 拟合检验

拟合检验是指通过预测模型对历史数据的拟合情况估计事前预测误差，主要复现预测模型拟合历史数据的能力，一般采用以下两个误差指标进行衡量。

（1）均方误差。

设有 n 个管道腐蚀速率数据分别为 $y_1, y_2, \cdots, y_n$，模型预测值分别为 $\hat{y}_1, \hat{y}_2, \cdots, \hat{y}_n$，则有：

$$MSE = \frac{1}{n} \sum_{i=1}^{n} (y_i - \hat{y}_i)^2 \qquad (3-21)$$

（2）相对平方误差。

与均方根误差不同，相对平方误差（Relative Square Error，RSE）可以比较误差是不同单位的预测模型，RSE 计算公式如下：

$$RSE = \frac{\sum_{i=1}^{n} (y_i - \hat{y}_i)^2}{\sum_{i=1}^{n} y_i^2} \qquad (3-22)$$

2. 外推检验

外推检验是将事后预测结果与实际值对比检验,一般采用以下三个误差指标进行衡量。

(1) 相对误差。

相对误差是指预测误差的实际百分数,其公式为:

$$RE = \left| \frac{y_i - \hat{y}_i}{y_i} \right| \times 100\% \tag{3-23}$$

(2) 希尔不等系数。

希尔不等系数(Theil's Inequality Coefficient,TIC)通常在 0 到 1 之间。数值越小表明拟合差异越小,则预测精度越高,其公式为:

$$TIC = \frac{\sqrt{\frac{1}{n}\sum_{i=1}^{n}(\hat{y}_i - y_i)^2}}{\sqrt{\frac{1}{n}\sum_{i=1}^{n}y_i^2} + \sqrt{\frac{1}{n}\sum_{i=1}^{n}\hat{y}_i^2}} \tag{3-24}$$

(3) 平均绝对百分比误差(Mean Absolute Percentage Error,MAPE)。

$$MAPE = \frac{1}{n}\sum_{i=1}^{n}\left| \frac{y_1 - \hat{y}_i}{y_i} \times 100\% \right| \tag{3-25}$$

MAPE 可以用来衡量不同预测模型的预测能力,表 3-4 为 MAPE 预测精度的评价解释。

表 3-4 MAPE 预测精度评价

MAPE 的取值范围	MAPE≤10%	10%＜MAPE≤20%	20%＜MAPE≤50%	MAPE＞50%
预测评价	效果高精度	效果良好	效果可行	模型不合适

第二节　海底管道内腐蚀速率预测指标

从客观上讲,海底管道系统的复杂性和特殊性决定了我国海上油气资源开发的高事故率;从主观上讲,企业通常会忽略对海底管道系统中腐蚀安全隐患的预防与事中控制,造成油气管道服役过程中腐蚀安全事故频发,严重制约了油气资源开发、运输过程的正常运作。由此可见,加强对海底管道运行状态的实时监控及腐蚀预测至关重要。

为此,基于对海底管道内腐蚀速率影响因素的分析,下面采用定性与定量的方法实现海底管道内腐蚀速率预测并构建其预测体系,为下一步建立更加合理的海底管道内腐蚀速率预测模型奠定坚实基础。

一、海底管道腐蚀速率预测

(一) 指标选取原则

由于海底管道内腐蚀速率影响因素指标的选取直接关系到腐蚀预测指标体系的合理性和科学性,因此选取影响因素指标时,要确保所选的腐蚀影响因素指标可以帮助研究人员充分了解海底管道的特性。在指标数量的确定上,若评估指标数量不足,则难以反映其基本特征,但指标体系中腐蚀影响因素指标选取太多又使获取数据变得困难,并且腐蚀速率不同影响因素指标之间的内部关系也难以处理。因此,在选择海底管道内腐蚀速率影响因素指标的过程中,有必要遵循相关原则,以保证所建立指标的简洁性、完整性和可操作性,即所选指标应该是全面反映海底管道发展状况的关键性因素。构建海底管道内腐蚀速率预测指标体系中指标的选取主要遵循以下几点原则。

(1) 系统性原则。

海底管道内腐蚀速率预测指标体系作为反映影响因素指标间相互独立和互相影响关系的有机整体,在全面反映管道腐蚀情况的同时,还要突显关键影响因素部分。

(2) 可行性原则。

为了准确预测海底管道的腐蚀速率,在研究过程中影响因素指标的选取应在充分考虑理论研究的基础上,结合海底管道腐蚀的实际情况,使获取到的数据具有可量化性和有效性,同时还要及时关注研究过程的可延续性和经济性。

(3) 突出性原则。

针对海底管道腐蚀预测体系指标选取过程中遇到的管道腐蚀影响因素繁多且结构层次复杂、涉及面广等问题,可综合运用多种分析方法,厘清各属性间的联系,将主要影响海底管道腐蚀的因素指标放在首要位置。

(4) 科学性原则。

指标选取应通过相关理论实践证明来确定,而不是由人为假设。另外,量化方法的选择应遵循有效性、准确性,紧紧围绕海底管道系统的特点,用严谨踏实的科学态度进行分析研究,才能做出准确的决策。

(5) 动态性原则。

构建的海底管道内腐蚀速率预测指标体系不是一成不变的,指标的选取标准随着时间推移、技术进步、管道的服役年限而呈现动态变化,具有一定的可调控性。

(二) 腐蚀速率预测模型

1. 灰色 GM (1, 1) 预测模型

灰色理论通过对有限的、表面无规律的数据进行"生成",然后利用生成数据建立预测模型。人们不清楚这些系统的作用机理,也很难判断系统的信息是否完整,难以对系统

关系及其结构做精确的描述,只能凭着逻辑推理、某些观念意识、某种准则对系统的结构和关系进行论证,然后再建立某种预测模型。

灰色预测模型的基础是 GM(1,1) 模型,因为该模型在建模时样本数要求不多,且可以很好地将定性分析和定量分析进行融合,所以现在被广泛应用在了各个行业。

设数列 $x^{(0)} = \{x^{(0)}(1), x^{(0)}(2), \cdots, x^{(0)}(n)\}$ 是由管道 n 次检测得到的腐蚀速率组成,首先对此数列进行一次累加得到新数列:$x^{(1)} = \{x^{(1)}(1), x^{(1)}(2), \cdots, x^{(1)}(n)\}$。

GM(1,1) 模型的白化微分方程为:

$$\frac{dx^{(1)}}{dt} + ax^{(1)} = u \tag{3-26}$$

式中,

a——发展灰数;

u——内生控制灰数。

令 $\hat{\boldsymbol{a}} = (a, u)^T$,$\hat{\boldsymbol{a}}$ 为待定参数向量。

GM(1,1) 模型的差分形式(灰化微分方程)为:

$$x^{(0)} + a \times z^{(1)}(k) = u, \quad k = 2, 3, \cdots, n \tag{3-27}$$

式中,

$z^{(1)}(k)$——背景值。

背景值的计算方法为

$$z^{(1)}(k+1) = \frac{x^{(1)}(k) + x^{(1)}(k+1)}{2}, \quad k = 1, 2, 3, \cdots, n-1 \tag{3-28}$$

令

$$\boldsymbol{Y}_N = \begin{bmatrix} x^{(0)}(2) \\ x^{(0)}(3) \\ \vdots \\ x^{(0)}(n) \end{bmatrix} \quad \boldsymbol{B} = \begin{bmatrix} -z(2) & 1 \\ -z(3) & 1 \\ \vdots & \vdots \\ -z(n) & 1 \end{bmatrix}$$

则有 $\boldsymbol{Y}_N = \boldsymbol{B} \times \hat{\boldsymbol{a}}$。

待定参数向量 $\hat{\boldsymbol{a}}$ 由最小二乘法求解:

$$\hat{\boldsymbol{a}} = (\boldsymbol{B}^T \boldsymbol{B})^{-1} \boldsymbol{B}^T \boldsymbol{Y}_N \tag{3-29}$$

由此可以确定 GM(1,1) 模型中的参数 a,u。

式(3-26)的离散响应函数为:

$$x^{(1)}(k+1) = \left(x^{(0)}(1) - \frac{u}{a}\right) \exp(-ak) + \frac{u}{a} \tag{3-30}$$

原始数据 $x^{(0)}(k+1)$ 的拟合值 $\hat{x}^{(0)}(k+1)$ 为:

$$\hat{x}^{(0)}(k+1) = x^{(1)}(k+1) - x^{(1)}(k), \quad k = 1, 2, 3, \cdots, n-1 \tag{3-31}$$

设初始序列为：$X^{(0)} = \{x^{(0)}(1), x^{(0)}(2), \cdots, x^{(0)}(n)\}$，$x^{(0)}(k) > 0$，$k = 1, 2, 3, \cdots, n$。对初始序列进行累加处理，$x^{(1)}(k) = \sum_{m=1}^{n} x^{(0)}(m)$，得到一次累加序列：$x^{(1)}(k) = \{x^{(1)}(1), x^{(1)}(2), \cdots, x^{(1)}(n)\}$。

建立 GM (1, 1) 的白化微分方程，经推导得：

$$\hat{x}^{(1)}(k+1) = \left(x^{(0)}(1) - \frac{u}{a}\right) e^{-ak} + \frac{u}{a} \tag{3-32}$$

则微分方程的解为：

$$\hat{x}^{(1)}(k+1) = \left(x^{(0)}(1) - \frac{u}{a}\right) e^{-ak} + \frac{b}{a} \tag{3-33}$$

预测值：

$$\hat{x}^{(0)}(k+1) = \hat{x}^{(1)}(k+1) - \hat{x}^{(1)}(k) = (1 - e^a)\left(x^{(0)}(1) - \frac{b}{a}\right) e^{-ak} \tag{3-34}$$

令 $\hat{a} = \begin{pmatrix} a \\ u \end{pmatrix}$，根据最小二乘法原理，可得

$$\hat{a} = (\boldsymbol{B}^T \boldsymbol{B})^{-1} \boldsymbol{B}^T \boldsymbol{Y}_N^T$$

式中，

$$\boldsymbol{B} = \begin{bmatrix} -\frac{1}{2}(x_1^{(1)}(1) + x_1^{(1)}(2)) & 1 \\ -\frac{1}{2}(x_1^{(1)}(2) + x_1^{(1)}(3)) & 1 \\ \vdots & \vdots \\ -\frac{1}{2}(x_1^{(1)}(n-1) + x_1^{(1)}(n)) & 1 \end{bmatrix} \tag{3-35}$$

$$\boldsymbol{Y}_N = [x_1^{(0)}(2), x_1^{(0)}(3), \cdots, x_1^{(0)}(n)]^T \tag{3-36}$$

残差检验可利用以下公式对残差、相对误差、平均相对误差进行计算：

$$e(k) = x^{(0)}(k) - \hat{x}^{(0)}(k) \tag{3-37}$$

$$\Delta(k) = \frac{|e(k)|}{x^{(0)}(k)} \times 100\% \tag{3-38}$$

$$\Delta = \frac{1}{n} |e(k)| 100\% \tag{3-39}$$

应用灰色 GM (1, 1) 预测模型，首先根据获得的检测数据确定建模的原始数据序列，确定海上管道允许的最大腐蚀深度，建立灰色 GM (1, 1) 预测模型，对海上管道的腐蚀速率进行预测。

2. 人工神经网络预测模型

人工神经网络（Artificial Neural Network, ANN），也简称为神经网络。神经网络具

有许多优点，不仅可以进行大规模的并行计算，还可根据收到的信息进行独立计算，然后将结果输出，具有很强的自适应和自学习能力。

人工神经网络预测方法在管道腐蚀速率预测领域应用较多。该方法将相关的测定信息构造成神经网络的样本集，经过训练得到预测网络模型，可进行管道腐蚀速率的预测，将腐蚀速率按时间进行积分即可得到腐蚀缺陷的尺寸随着时间的变化情况。

神经元是神经网络组成部分的基本要素，一个神经元模型，如图 3-7 所示，其中 P_R 为输入向量，$W_{L,R}$ 为权向量，b 为阈值，f 为传递函数，a 为神经元输出。神经元是全部输入向量通过加权求和后加上阈值再由传递函数作用后的输出结果。

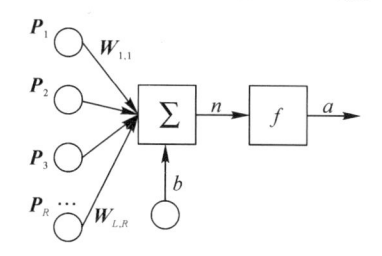

图 3-7 神经元

一个三层的 BP 网络结构如图 3-8 所示。BP 网络是由输入层、隐含层和输出层组成的，每一层包含有数个神经元。输入向量是从输入层节点开始，途径各隐含层节点，最后从输出层节点输出，每一层节点的输入由上一个节点的输出来决定。

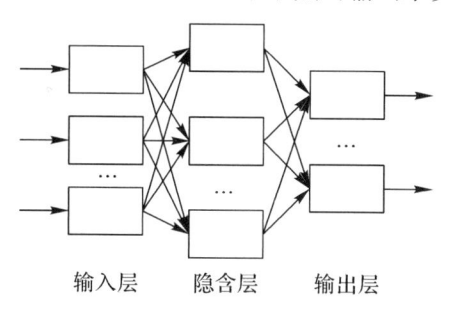

图 3-8 三层 BP 网络结构

运用神经网络模型预测海底油气管道点腐蚀速率的过程如下：

（1）确定主因子。

对于海底管道的腐蚀问题，有很多影响腐蚀的因素，因此需要在这么多的影响因素中确定主要的影响因素，提高 BP 网络精度。一般情况下，采用应用逐步回归法提取主要影响因素，即 pH 值、海水温度、海水流速和管道运行压力。

（2）神经网络拓扑结构。

将试验得到的所有数据分为训练样本集与测试样本集，输入变量为 pH 值、海水温度、海水流速和管道运行压力，输出变量为腐蚀速率。先对输入及输出数据进行归一化处理，然后通过隐含层的相关公式，计算神经元检查预测模型准确度。

(3) 训练神经网络。

输入 pH 值、海水温度、海水流速和管道运行压力这几个变量的初始值,经过隐含层的权值作用后得到中间层的各值,最后经输出层传递后得到预测值。对比预测值和实测值,如果偏差超出要求的范围,则需要依据结果重复迭代,对隐含层和输出层的各权值进行调整,直到其偏差在所要求的范围内。

(4) 预测腐蚀速率。

采用已经建立好的模型进行腐蚀速率预测。

BP 神经网络模型的算法:令输入向量为 $\boldsymbol{X}_k$,输出向量为 $\boldsymbol{Y}_k$,$\boldsymbol{X}_k=(x_{k1}, x_{k2}, \cdots, x_{kn})^T$,$\boldsymbol{Y}_k=(y_{k1}, y_{k2}, \cdots, y_{km})^T$,则 $\boldsymbol{X}_k$ 的理想输出量为:$\boldsymbol{Y}_k=(y_{k1}^\tau, y_{k2}^\tau, \cdots, y_{km}^\tau)^T$,输出误差为:

$$E_k = \frac{1}{2}\sum_{j=1}^{m}(y_{kj}^\tau - y_{kj})^2 \quad (3-40)$$

式中,

j——输入层中第 j 个神经元。

各层神经元的迭代方程为:

$$W(k+1) = W(k) - \mu \cdot \Delta E_k \quad (3-41)$$

式中,

$\Delta E_k = \dfrac{\partial E_k}{\partial \omega_{ij}}$,$W = \{W_{ij}\}$;

μ——神经网络的学习步长。

令 $y_{kj} = f\left[\sum_i \omega_{ij} x_{ij}\right] = f(net_{kj})$,则

$$\Delta E_k = \frac{\partial E_k}{\partial \omega_{ij}} = \frac{\partial E_k}{\partial net_{kj}} \cdot \frac{\partial net_{kj}}{\partial \omega_{ij}} = \frac{\partial E_k}{\partial y_{kj}} \cdot \frac{\partial y_{kj}}{\partial net_{kj}} \cdot \frac{\partial net_{kj}}{\partial \omega_{ij}} \quad (3-42)$$

令 $\dfrac{\partial net_{kj}}{\partial \omega_{ij}} = x_{ki}$,则

$$\frac{\partial net_{kj}}{\partial \omega_{ij}} = f'_j\left(\frac{\partial net_{kj}}{\partial \omega_{ij}}\right) = f_j \frac{\partial net_{kj}}{\partial \omega_{ij}} \cdot [1 - f_j(net_{kj})] \quad (3-43)$$

则有:

$$W(k+1) = W(k) - \mu \cdot \Delta E_k = W(k) - \mu \cdot x_{ki} \cdot f_j(net_{kj}) \cdot (1 - f_j(net_{kj})) \cdot \frac{\partial E_k}{\partial y_{kj}} \quad (3-44)$$

对于隐含层

$$\frac{\partial E_k}{\partial y_{kj}} = \sum_i \frac{\partial E_k}{\partial net_{ki}} \frac{\partial net_{k1}}{\partial y_{kj}} = \sum_i \frac{\partial E_k}{\partial net_{k1}} \omega_{ij} = \sum_i \delta_{k1} \omega_{ij} \quad (3-45)$$

$$W_{\text{hide}}(k+1) = W(k) - \mu \cdot x_{kj} \cdot f_j(net_{kj}) \cdot (1 - f_j(net_{kj})) \cdot \sum_i \delta_{k1}\omega_{ij} \quad (3-46)$$

对于输入层

$$\frac{\partial E_k}{\partial y_{kj}} = -(y_{kj}^\tau - y_{kj}) \quad (3-47)$$

$$W_{\text{out}}(k+1) = W(k) - \mu \cdot x_{ki} \cdot f_j(net_{kj}) \cdot (1 - f_j(net_{kj})) \cdot (y_{kj}^\tau - y_{kj}) \quad (3-48)$$

由于训练样本集输入的变更，因此，刚开始时可能会产生比较大的误差，容易引起全系数过调，在模型的计算时间上就会有所延长，这里引入惯性项，即：

$$\omega_{ij}(k+1) = \omega_{ij}(k) + \mu \cdot \delta_{kj} \cdot x_{ki} + \alpha[\omega_{ij}(k) - \omega_{ij}(k-1)] \quad (3-49)$$

式中，

α——加权因子；

μ——学习步长。

3. 三次指数平滑法预测模型

指数平滑法是布朗所提出的一种预测方法。该方法基于移动平均法的时间序列进行分析预测，其原理是通过一定的时间序列预测模型计算指数平滑值，并对未来状况进行预测，同时要求时间序列的态势需具有稳定性或规则性。布朗认为时间序列是前后相互连接的，现在的过去状态在一定程度上会延续到现在的将来状态，因此将比较大的权重数放在现在的状态中。

指数平滑法包括一次指数平滑法、二次指数平滑法和三次指数平滑法。相关研究表明，一次指数平滑法只能够用于样本数据比较有规律的模型，对于没有规律且不定期在某一时刻会发生较大变化的数据，预测结果会产生比较大的偏差。而三次指数平滑法能够适应非线性变化的数据，而且还可以在 Microsoft Excel 中完成计算过程，具有很强的操作性和应用性，在各个领域被广泛应用。

三次指数平滑法的预测模型公式如下：

$$Y_{t+T} = a_t + b_t T + c_t T^2, \ t = 1, 2, 3, \cdots, n(n \text{ 为原始数据个数}) \quad (3-50)$$

式中，

Y_{t+T}——预测值；

T——预测的超前时间数；

a_t, b_t, c_t——预测系数。

a_t, b_t, c_t 的表达式如下：

$$a_t = 3S_t^{(1)} - 3S_t^{(2)} + 3S_t^{(3)} \quad (3-51)$$

$$b_t = \frac{\alpha}{2(1-\alpha)^2}[(6-5\alpha)S_t^{(1)} - 2(5-4\alpha)S_t^{(2)} + (4-3\alpha)S_t^{(3)}] \quad (3-52)$$

$$c_t = \frac{\alpha^2}{2(1-\alpha)^2}[S_t^{(1)} - 2S_t^{(2)} + S_t^{(3)}] \tag{3-53}$$

式中，

$$S_t^{(1)} = aX_t + (1-\alpha)S_{t-1}^{(1)} \tag{3-54}$$

$$S_t^{(2)} = aS_t^{(1)} + (1-\alpha)S_{t-1}^{(2)} \tag{3-55}$$

$$S_t^{(3)} = aS_t^{(2)} + (1-\alpha)S_{t-1}^{(3)} \tag{3-56}$$

式中，

X_t——实际值；

α——权重系数，在[0，1]内取值。

腐蚀是一个不断生长的过程，对于含有腐蚀缺陷的管道，不但要对现有的腐蚀缺陷对管道安全运行的影响进行评价，而且也要对管道未来的可靠性进行评价。在生产中，如果想把握管道最佳维修机会，则需要对腐蚀发展状况进行预测，以便在合适的时间（管道腐蚀缺陷达到安全运行所要求的临界缺陷时和目前的腐蚀缺陷发展到安全运行所要求的临界缺陷时）做出正确的决定。

管道腐蚀预测是对管道腐蚀未来发展状况及管道可靠性的预测。管道腐蚀预测包括对腐蚀发展状况和失效界线预测两方面的内容。从可靠性评价方面来说，其所需要的数据是腐蚀发展状况预测的结果，即最大腐蚀深度和腐蚀速率。

腐蚀预测模型是基于对当前腐蚀状况的分析建构的腐蚀深度预测模型，在此基础上再对腐蚀发展状况进行预测。由于海底环境比较复杂，不易采集数据，因此腐蚀预测模型通常是用少量的样本数据进行模拟，从而找出腐蚀数据所呈现的规律，然后用近期状态来预测腐蚀未来的发展状况。建构腐蚀预测模型不但需要丰富的理论基础，而且需要相关试验数据，其预测流程如图3-9所示。

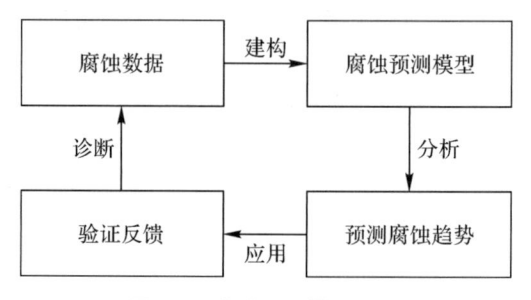

图3-9 腐蚀预测模型流程

建构腐蚀预测模型主要分为以下几个过程：

第一，收集资料。通过相关试验，收集相关的试验数据或图像样本。

第二，建构模型。根据分析的腐蚀状况，选择合适的方法，建构腐蚀预测模型。

第三，应用模型。应用建构的腐蚀预测模型预测腐蚀状况发展趋势。

第四，验证反馈。将之前采集的样本数据与预测的数据进行对比，检验建构模型的可靠度。如果有较大偏差的话，则分析产生偏差的原因，为腐蚀预测模型优化提供反馈信息。

由于腐蚀预测模型的预测过程并不是真正的腐蚀生长过程，因此，预测的结果会与现场收集的数据有偏差。既可以通过验证反馈优化模型，以减少偏差，也可以通过提前制定腐蚀预测模型来反馈过程，主要对预测结果、参数变化步骤进行验证反馈，以提高预测结果的精确度。

综上所述，腐蚀预测模型按照不同的划分标准可分为以下几种类型：按照建模原理主要有经验模型、半经验模型和确定性模型这三类；按照建模方法可分为函数模型、随机分布模型和分形模型；按照建模对象可分为腐蚀分布模型、腐蚀发展模型和腐蚀因素模型。其中，最为普遍的是以建模原理为标准的分类方法。

经验模型是全部采用现场收集的腐蚀数据，应用统计分析方法建立的。因为经验模型需要规定参数的应用范围，所以在参数范围之外的数据不能应用此模型。例如，常见的一种 CO_2 腐蚀预测模型——Norsok M506 模型，该模型的适用条件为：温度在 5~150℃之间，CO_2 分压不小于 0.01 MPa，H_2S 分压不大于 0.05 MPa。该模型基于单相流试验，没有考虑腐蚀过程中化学及电化学反应涉及的热力学和动力学原理。因此，该类模型适用于不了解腐蚀机理但可以获得很多腐蚀数据的情况。

半经验模型在腐蚀预测模型中应用较多。半经验模型先建立机理模型表达式，然后对表达式中的未知参数进行参数估计，最后确定模型表达式。现在应用比较广泛的是 De Waard 模型，该模型给出与质量转移速率、抑制腐蚀速率、反应速率和管道内径等参数有关的腐蚀速率表达式，该类模型适用于已知腐蚀机理的情况。

确定性模型是根据管道腐蚀发生的过程，如化学腐蚀、电化学腐蚀、物质传递及热传导等过程的知识，通过加入相关的物理知识，建立数学模型。该类模型伴随着对腐蚀机理更深入的研究，可以添加新的参数来优化模型以便新模型能够很好地适用于新的腐蚀体系。例如，Top-of-Line 模型建立了腐蚀速率与相关参数的数学表达式，如溶液中铁离子质量浓度、分解率、凝结率、管壁表面覆盖率和薄膜厚度等，具有明确的物理意义，最后通过 OLGA 软件实现模型的预测功能。

二、预测指标的初步构建

(一) 内腐蚀速率影响因素分析

海底管道内腐蚀速率影响因素指标对管道腐蚀的影响力及影响效果在实际操作中都存在或大或小的差异，而且不同的影响因素指标间相互作用使海底管道的腐蚀速率呈多元非线性化的特征。因此，为了确保模型预测的稳定性，基于以往专家学者对海底管道 CO_2 内腐蚀机理、化学及电化学试验相关研究成果，从介质因素、环境因素和力学－化学因素三类对海底管道内腐蚀速率的影响因素进行分析,如图 3-10 所示。

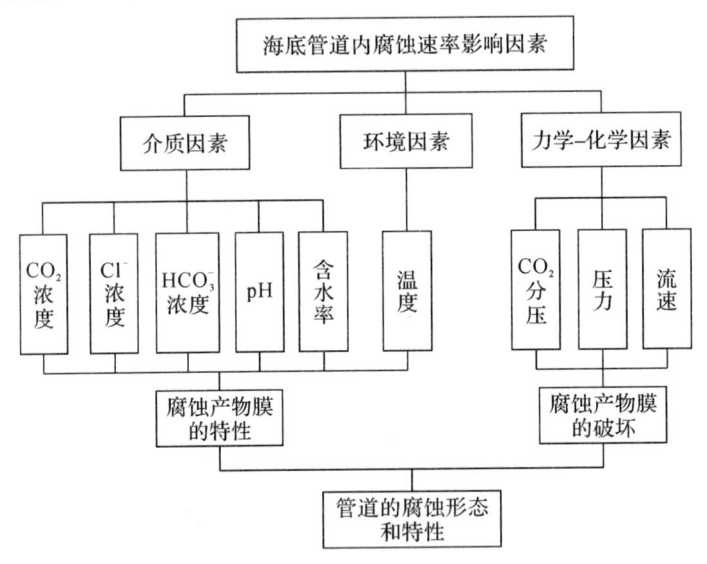

图 3-10 海底管道内腐蚀影响因素

此外,本书对这些海底管道内腐蚀影响因素的原理及管道腐蚀的影响进行了如下讨论。

1. 温度的腐蚀原理及影响

在海底管道服役过程中,温度是影响 CO_2 腐蚀速率的主要因素指标。通常情况下,海底金属管材的溶液反应可表示为:

$$L = L^{2+} + We^- \tag{3-57}$$

式中,

L——金属;

W——金属管材的化合价;

e——电子。

可以借助 Arrhenius 方程式来实现海底管道管材的腐蚀速率的简单预测:

$$K = Ae^{-\Delta Ea/RT} \tag{3-58}$$

式中,

T——温度,℃;

K——腐蚀速率,mm/a;

A——频率因子;

ΔEa——活化能,eV。

通过式(3-58)可知,当其他因素不发生变化时,温度对内腐蚀速率的影响呈指数级。换言之,内腐蚀速率会随温度升高而增加。然而,在实际的海底管道服役过程中,温度的变化对腐蚀的影响较为复杂,具体表现为:其一,影响介质中 CO_2 的溶解度,其溶解度随温度升高而降低,从而减弱了腐蚀;其二,温度升高,反应速度加快,可促进腐蚀;其三,温度升高会影响腐蚀产物的成膜机理,并影响管道腐蚀产物膜的形态组成。

2. 压力的腐蚀原理及影响

除化学腐蚀外,压力传输和压力波动也是管道运行过程中应力腐蚀开裂的重要因素。同时,管体内流体压力引起的应力也会影响管道内腐蚀速率的改变,其中局部腐蚀引起的应力集中将大大缩短管道的使用寿命。压力过高会在管壁上造成过大的使用应力,与此同时,压力波动也会引起腐蚀裂纹的蔓延。

3. CO_2 分压的腐蚀原理及影响

CO_2 分压对海底管道内壁腐蚀速率的影响较为复杂。通常,在温度低于60℃,且海底管道内壁难以生成具有保护作用的腐蚀产物膜的情况下,CO_2 分压与钢管材的腐蚀速率的计算表达式:

$$\log V_{\text{corr}} = 5.8 - \frac{1710}{T+273} + 0.67 \log P_{CO_2} \tag{3-59}$$

式中,

T——温度,℃;

V_{corr}——腐蚀速率的大小,mm/y;

P_{CO_2}——分压,MPa。

式(3-59)表明,在其他条件不变的情况下,管壁的腐蚀速率与 CO_2 分压的0.67次幂成正比例,即 CO_2 分压的增加导致海底管道内的流体介质中所含的 CO_3^{2-} 和 H^+ 的浓度呈增长的趋势,造成管道腐蚀进程中发生正向的化学反应,使腐蚀速率加快。然而,当温度高于60℃时,海底钢管材表面的产物保护膜硬度变大且附着力增强,使钢管材的抗腐蚀性能提高,式(3-59)的求解结果偏高,即该公式的应用范围具有一定的局限性。

总体而言,CO_2 分压对海底管道内壁的腐蚀结果多表现为以下两点:其一,管道内传输介质中具有还原性的离子浓度在分压增加的条件下,溶解度不断增加,使管道内壁金属的氧化还原过程加速,但腐蚀产物膜在沉淀的过程中会形成致密的保护膜结构,反而会制约腐蚀反应的进程;其二,管道内传输介质的pH值会在 CO_2 分压的增长的过程中呈减小的趋势,进一步抑制腐蚀产物保护膜的生成。

4. pH值的腐蚀原理及影响

pH值是溶液酸碱度的量度,也是溶液中氢离子活性的尺度。研究表明,管道腐蚀性越强,pH值就越低,而较低的pH值将会进一步加快腐蚀产物的溶解过程,并使腐蚀产物逐渐变成具有可流动性的液态状,这在一定程度上减弱了腐蚀产物层所具备的保护性能,提高了海底管道的内腐蚀速度。例如,如果管道的输送介质中含有一定量的 H_2S 和 CO_2,则输送介质的溶液pH值小于7,因此管道的腐蚀速率较高,且管道存在应力腐蚀开裂的风险。

5. 流速的腐蚀原理及影响

Nesic 等学者基于多次试验获得的数据提出了腐蚀速率随管道介质流速变化的计算公式[①]：

$$V_{corr} = B \times v^n \tag{3-60}$$

式中，

V_{corr}——腐蚀速率的大小，mm/a；

v——介质流速的大小，m/s；

B，n——常数。

海底管道的腐蚀流动性介质在传输过程中会频繁冲刷管道内壁，且随着海底管道中介质流速增加至一定程度，内腐蚀速率也将显著增加，导致管道内壁的腐蚀产物膜的保护作用难以发挥，同时管道内添加的缓蚀剂难以发挥其有效的抑制作用，因此在某些特殊区域发生更严重的局部侵蚀。

6. Cl^- 浓度的腐蚀原理及影响

Cl^- 作为电解质构成中较为常见的化学成分，其对油气钢管材的腐蚀作用机理较为复杂。通常情况下，它能够影响管道内基体表面保护膜的形成，同时破坏生成的致密腐蚀产物保护膜，使钢管材内壁产生较为严重的孔蚀、缝隙腐蚀。在 Cl^- 的影响下，金属钢管材能发生由钝化态向活化态的转变，具体表现大致可分为以下两点：其一，由于 Cl^- 半径比较小（大约为 1.81×10^{10} m），因此具有较强的穿透性能，很容易通过基体表面的腐蚀产物膜孔隙进入到钢管材表面，进一步与金属钢管材内壁相互反应生成具有可溶解性质的氯化物，导致腐蚀产物发生溶解、表面致密结构及截面形貌遭到破坏、金属钢管材腐蚀速率加快，腐蚀现象加剧。其二，Cl^- 通常拥有极强的吸附性能，极易不规则地吸附在金属钢管材表面，并使其直接接触的附着部分的化学活性得以提高，如与 Fe^{2+} 结合生成可溶解性 $FeCl_2$，而金属钢管材表面吸附的 $FeCl_2$ 又容易脱落，使得腐蚀产物膜的厚度以及完整性相应程度地降低，加速了管道内点腐蚀的发生，甚至进一步引起金属钢管材内发生严重的腐蚀穿孔等现象。与此同时，生成的可溶解性 $FeCl_2$ 很大程度上将引起金属钢管材内在表面应力的作用下产生裂纹，且裂纹处产生的新基体表面和未受到破坏的腐蚀产物膜两者之间存在电位差，因此在发生电化学反应的过程中新生成的金属成分作为阳极而被溶解，从而使裂纹沿着与应力垂直的方向持续性发生延展，加速了应力腐蚀的发生。

7. 溶解性 CO_2 的腐蚀原理及影响

海底管道系统中 CO_2 腐蚀主要表现为电化学腐蚀。CO_2 在水中的溶解度高，一旦溶

[①] 赵国仙，吕祥鸿，韩勇. 流速对 P110 钢腐蚀行为的影响 [J]. 材料工程，2008（8）：5—8.

于水，它就会形成碳酸并分解出氢离子（H^+）。H^+是一种强力的去极化剂，它很容易捕获电子被还原并促进阳极铁的溶解导致管道腐蚀。CO_2腐蚀引起的损坏主要是由于腐蚀产物膜局部损坏的点蚀而引起的环形腐蚀或台面腐蚀的蚀坑且因阳极表面积较小，这种局部腐蚀通常会导致较高的穿孔率。通常情况下，介质中CO_2的浓度也会受到CO_2分压变化的影响，进而导致CO_2腐蚀气体参与的化学反应过程发生改变，最终体现为对管道腐蚀速率的改变。

溶解性CO_2对金属钢管材腐蚀影响主要体现在以下几点：一是在管道传输的酸性介质环境下，CO_2会与输送介质中含有的水分发生化学反应生成H_2CO_3，H_2CO_3又可以解离出HCO_3^-或者CO_3^{2-}并与介质溶液中存在的各种金属离子发生反应，这增强了传输介质的结垢倾向，导致溶液的硬度值下降，CO_2浓度也相应地呈下降趋势。二是在油气介质运输过程中，管道内的腐蚀介质处于流动状态将不断加速CO_2的腐蚀过程中物质交换速率。因此，可以尝试使用某种碳酸盐来覆盖金属钢管材管壁，使用该方法可以使得油气在金属钢管材内表面的附着更具有稳定性和均匀性，从而降低管道的腐蚀反应活化点，并对金属钢管材起到减缓腐蚀和保护的作用。

8. HCO_3^-的腐蚀原理及影响

通常情况下，海底管道输送的介质中存在的HCO_3^-离子浓度含量对管道内壁腐蚀具有重要的影响作用，它在一定程度上会破坏生成的腐蚀产物膜结构并影响腐蚀速率的变化规律。

一般而言，海底管道介质中的HCO_3^-将会抑制$FeCO_3$在介质溶液内的溶解，促进管道金属钢基体生成保护膜，这在一定程度上会减弱腐蚀速率的增长。同时，当油气管道传输介质溶液环境内HCO_3^-离子浓度值处于较高界值时，$FeCO_3$将达到较高的饱和溶解状态，碳钢管材内壁将会沉积以$FeCO_3$为主的腐蚀产物，进而加快基体表面腐蚀产物膜的形成。此外，当介质溶液中HCO_3^-与Ca^{2+}、Mg^{2+}以及其他金属阳离子共同存在时，溶液的电导率将会进一步增强，在金属表面上会形成致密的腐蚀产物保护膜以抑制管道的腐蚀，这要求所生成腐蚀产物膜必须能够紧紧地附着在海底管道内表面以起到保护作用。若腐蚀产物膜发生难以修复的破坏，将会导致点蚀敏感度降低，海底管道内壁局部腐蚀现象加剧。

9. 含水率对管道腐蚀的原理与影响

海底管道传输介质中含水量的多少将直接影响到管道的内腐蚀速率及管道内表面的腐蚀严重程度。当油气介质中含水率不超过40%时，所用的钢管材具有较低的腐蚀速率值，且管道内表面生成的腐蚀产物膜也可进一步抑制钢管材的腐蚀过程；当油气混合液中的含水率超过50%时，将阻碍管道内基体表面形成腐蚀产物膜，而钢管材表面由于失去了腐蚀产物膜的保护作用，基体表面与运输的腐蚀性介质直接接触面积加大，因此会加速电化学腐蚀反应的发生,使腐蚀速率呈大幅度增长的趋势。

(二)初级预测指标体系建立

根据海底管道相关理论的基本论述,再加上对海底管道内腐蚀速率影响因素分析,结合腐蚀预测指标选取的系统性、可行性与动态性等六点原则,初步构建单层的海底管道内腐蚀速率预测指标体系,见表3-5。

表3-5 初级海底管道内腐蚀速率预测指标体系

一级指标	二级指标
内腐蚀速率(X_0)	温度(X_1)
	系统压力(X_2)
	CO_2分压(X_3)
	pH(X_4)
	介质流速(X_5)
	Cl^-浓度(X_6)
	CO_2浓度(X_7)
	HCO_3^-浓度(X_8)
	含水率(X_9)

三、预测指标体系优化

选用智能机器学习算法预测管道内腐蚀速率时,需要考虑管道腐蚀影响速率因素的影响作用。如果对影响因素考虑不足,则会导致预测结果不佳。但是,若将它们全部考虑为输入信号,则又会极大地增加预测模型训练负荷,从而导致模型收敛速度慢、训练时间过长等问题。因此,在选择和简化预测指标体系的问题上,研究人员提出了多种多因素统计分析方法,包括偏最小二乘回归法、灰色理论方法、非线性映射法、主分量分析法、神经网络算法等,这几种方法是目前较为常用的多因素分析方法,以下为几种方法的概述与比较。

第一,偏最小二乘回归法。作为分析多元统计量的新分析方法——偏最小二乘回归通常在具有多个因变量参数对应多个自变量参数的情况下进行回归模型构建。尤其是变量指标间具有高度的线性相关性时,使用偏最小二乘回归这种方法能达到最佳的期望效果。此外,该种方法也能够很好地用来处理类似于样本数量小于变量数的回归问题。

第二,灰色理论方法。灰色系统中通常包含已知和未知信息。作为灰色理论的主要方法——灰色关联分析(Grey Relational Analysis,GRA)法,其目的是寻求所研究系统中各种影响因素(灰色数或灰色元)之间的排布关系,依据标准的完整性、对称性和邻近性,确定参考序列与比较序列间的关联系数和关联程度值,在空间理论的基础上捕获系统的主要特征，并了解系统的发展和变化趋势。

第三，非线性映射法。非线性映射技术是将具有可变序列的腐蚀数据集转换为多维空间中的样本分布点集，以最小的失真压缩多维空间图并将其投射在平面上，随后直接依据样本分布点集在所投射平面上显示的具体聚集情况，实现样本分布点集在多维度空间内的分布信息的获取。通过这种非线性映射方式，能够使得某些看似不规则的数据显示出规则的分布，但其缺点是只能通过宏观的形态特征来确定，这在数学研究中是相对困难且不切实际的。

第四，主分量分析法。主分量分析法（如主成分分析法、核主成分分析法）一般采用最优化方法对原始数据中的信息进行处理，在尽可能显示数据结构的情况下可简化影响因素并保留信息的完整性。通常，利用这种方法处理的数据得到的部分主成分信息可以有效表达出原始数据集包含的基本信息。

第五，神经网络算法。神经网络算法现阶段主要分为有管理的神经网络和无管理的神经网络两大分支。一般情况下，基于已有的研究对象样本集的训练，对未知样本进行求解及预测的被定义为有管理的神经网络，其中，前向网络、反馈网络是有管理神经网络的主要表现类型；而无管理的神经网络主要用于直接求取和预测未知样本。

目前，上述多因素统计分析方法已经与许多其他的机器学习算法组合使用。其中，灰色理论方法与主分量分析法适用性强、应用最为广泛，利用这两种方法可以从众多油气管道腐蚀影响因素中选择重要因素，对预测模型精度的提高起到至关重要的作用。以分析方法的选择来看，若采用GRA法对影响因素与腐蚀速率之间进行关联度的计算，则在对原始数据处理时就提取了部分主要影响因素，导致结果掺杂了主观经验，预测效果不理想；若采用主成分分析（Principal Component Analysis，PCA）法，该方法包括在考虑大量影响因素的前提下，通过降低输入信号的相关性来降低信号的维数，但主成分分析方法是一种线性算法，不仅不能获得数据的高阶特征，而且无法处理输入信号中的非线性关系。熵值法可以有效避免以上问题，其根据各指标的信息载量的大小来确定指标权重，利用信息熵来计算指标的权重因子可以有效避免灰色关联分析时主观因素引起的权重分配偏差。核主成分（Kernel Principal Component Analysis，KPCA）法则是一种将来自低维空间的样本非线性映射通过核函数计算之后映射到更高维度的空间，再利用这个高维度空间进行PCA线性降维计算的方法，可以实现任意一个向量都可以用这一高维度空间中的腐蚀样本线性表达。

因此，针对灰色关联法和主成分分析法的弊端，在通过定性分析建立的初级海底管道内腐蚀速率预测指标体系的前提下，下面将运用定量方法——熵权灰色关联（EWM−GRA）分析法以及KPCA法来优化内腐蚀速率预测指标体系，进一步提高其在腐蚀预测模型中的合理性和可行性。首先，运用EWM−GRA分析法对初级指标体系下的内腐蚀速率影响因素指标进行重要度排序。其次，采用 KPCA 法对腐蚀预测指标体系内的影响因素指标进行非线性特征提取，以期在保留大部分管道腐蚀信息的同时实现海底管道内腐蚀速率预测指标体系的优化，并在简化辅助变量维数的基础上促进预测模型运算效率的大幅度提升。

(一) 基于熵权灰色关联的指标关联度分析

灰色关联分析法作为一种系统分析技术，主要通过序列曲线所呈现出的几何形状的相似性，进而来判别参考序列和对比序列的紧密关联程度。现阶段，该种方法已被广泛运用在多因素统计分析、方案分析与决策等方面，并取得了良好成绩。而完全依据属性矩阵的本质信息计算权重的熵权法能够不掺杂任何主观判断，因而在数学求解过程中能够得到较为客观的计算结果。因此，利用 EWM－GRA 分析法对初级海底管道内腐蚀速率预测指标体系内的指标进行重要性排序，不仅可以在一定程度上较好地体现海底管道腐蚀影响因素指标对于内腐蚀速率影响结果的大小，同时也可以避免以往灰色关联分析存在的主观性经验，使分析更具备客观公正性。

第一步，根据确定的初级海底管道内腐蚀速率预测指标体系，设 n 组腐蚀数据序列形成的矩阵如下：

$$(\boldsymbol{X}'_1, \boldsymbol{X}'_2, \cdots, \boldsymbol{X}'_n) = \begin{bmatrix} x'_1(1) & x'_2(1) & \cdots & x'_n(1) \\ x'_1(2) & x'_2(2) & \cdots & x'_n(n) \\ \vdots & \vdots & & \vdots \\ x'_1(m) & x'_2(m) & \cdots & x'_n(m) \end{bmatrix} \quad (3-61)$$

式中，

m——腐蚀影响因素指标的个数，$\boldsymbol{X}'_i = [x'_i(1), x'_i(2), \cdots, x'_i(m)]^{\mathrm{T}}$，$(i=1, 2, 3, \cdots, n)$。

第二步，确定参考数据列。

选取的参考数据列是相对理想的比较规范数列，一般情况下由腐蚀预测指标体系内影响因素指标的最优值或最劣值来确定。此外，还可以依据一定标准进行其他参考数据列的选择，所确定的参考数据列如下：

$$\boldsymbol{X}'_0 = [x'_0(1), x'_0(2), \cdots, x'_0(m)]^{\mathrm{T}} \quad (3-62)$$

第三步，经数据处理后得到新的数据矩阵如下：

$$(\boldsymbol{X}_0, \boldsymbol{X}_1, \boldsymbol{X}_2, \cdots, \boldsymbol{X}_n) = \begin{bmatrix} x_0(1) & x_1(1) & \cdots & x_n(1) \\ x_0(2) & x_1(2) & \cdots & x_n(2) \\ \vdots & \vdots & & \vdots \\ x_0(m) & x_1(m) & \cdots & x_n(m) \end{bmatrix} \quad (3-63)$$

第四步，逐个计算每个腐蚀速率影响因素指标序列与参考序列的绝对差值，

即 $|x_0(k)-x_i(k)|$，其中 $k=1, 2, 3, \cdots, m$，$i=1, 2, 3, \cdots, n$。

第五步，计算每个参考序列和参考序列对应元素的关联系数。

$$\delta_i(k)=\frac{\min_i\min_k|x_0(k)-x_i(k)|+\rho\max_i\max_k|x_0(k)-x_i(k)|}{|x_0(k)-x_i(k)|+\rho\max_i\max_k|x_0(k)-x_i(k)|} \tag{3-64}$$

式中，

ρ——分辨系数，其数值处于 0~1 之间，通常取 0.5。

第六步，熵权法计算权重。

以下为使用熵权法计算内腐蚀速率影响因素指标的客观权重的过程。

令经数据处理后得到新的内腐蚀速率影响因素指标矩阵为：

$$\boldsymbol{Q}=(x_{ik})_{nm} \tag{3-65}$$

式中，

x_{ik}——第 i 组数据的第 k 个管道腐蚀影响因素无量纲化后的值。

根据信息熵的定义计算，一组管道腐蚀数据的信息熵 h_i：

$$h_i=-\ln(n)^{-1}\sum_{i=1}^n p_{ik}\ln p_{ik} \tag{3-66}$$

式中，

$p_{ik}=x_{ik}/\sum_{i=1}^n x_{ik}$，各个指标的信息熵为 $E_1, E_2, \cdots, E_m$，各腐蚀影响因素指标的权重计算如下：

$$w_k=\frac{1-E_k}{m-\sum E_k}(k=1, 2, 3, \cdots, m) \tag{3-67}$$

第七步，计算加权灰色关联度值。对比较规范序列分别计算各个影响因素指标与参考序列对应元素的关联系数均值，以反映海底管道内腐蚀速率与参考序列的关联关系。

$$\gamma_i=\frac{1}{m}\sum_{k=1}^m w_k\delta_i(k) \tag{3-68}$$

第八步，按照灰色关联度值的大小对初级海底管道内腐蚀速率预测指标体系内的影响因素指标进行排序。

(二) 基于核主成分的内腐蚀预测指标优选

在目前的研究中，降维算法能够解决研究学者当前最为棘手的"维度灾难"问题，并且能够在降低数据处理复杂程度的同时，实现以最少的信息保留样本知识完整性的目的。一般情况下，采用数据降维处理之后，即使数据减少所获得的实用数据和原始数据之间的有用信息却并未减少，即在简化计算量过程中可以降低数据噪音的影响。因此，在了解海底管道内腐蚀速率影响因素指标相关性排布的基础上，采用降维算法实现对初级海底管道内腐蚀速率预测指标体系的优化，其具体原理如图 3-11 所示。

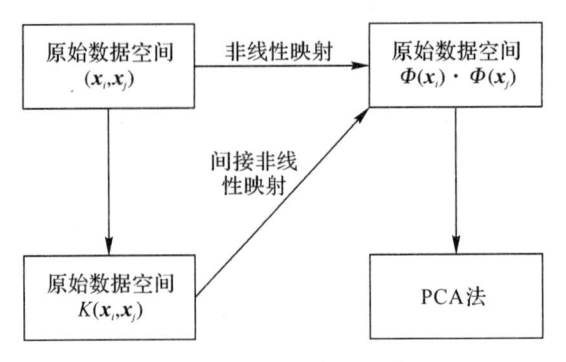

图 3-11 降维算法原理示意图

核主成分法采用非线性映射，可以成功地将输入的海底管道腐蚀样本数据非线性转换到特征空间，具体映射过程见表 3-6。

表 3-6 常用的核函数

名称	核函数表达式
Linear 核函数	$K(\boldsymbol{x}, \boldsymbol{x}_i) = \boldsymbol{x}^T \boldsymbol{x}_i$
高斯核函数	$K(\boldsymbol{x}, \boldsymbol{x}_i) = \exp\{-\lvert \boldsymbol{x} - \boldsymbol{x}_i \rvert^2 / \sigma^2\}$
Poly 核函数	$K(\boldsymbol{x}, \boldsymbol{x}_i) = [\boldsymbol{x}^T \boldsymbol{x}_i + 1]^q$
Sigmoid 核函数	$K(\boldsymbol{x}, \boldsymbol{x}_i) = \tan[v(\boldsymbol{x}^T \boldsymbol{x}_i) + c]$

由于高斯核函数涉及参数少且满足 Mercer 条件，使用较为广泛，因此这里选取高斯核作为 KPCA 的核函数形式。

设总腐蚀数据样本个数为 n，通过核函数的计算得到一个 $n \times n$ 的对称正定核矩阵 $\boldsymbol{K}$，公式表示如下：

$$\boldsymbol{K} = k(\boldsymbol{x}_i, \boldsymbol{x}_j), \quad i, j = 1, 2, 3, \cdots, n \tag{3-69}$$

首先，对管道腐蚀数据进行处理，令 $\sum_{i=1}^{N} \Phi(\boldsymbol{X}_i) = \boldsymbol{0}$，特征空间协方差矩阵表示如下：

$$\boldsymbol{C}^H = \frac{1}{N} \sum_{i=1}^{N} \Phi(\boldsymbol{X}_i) \Phi(\boldsymbol{X}_i)^T \tag{3-70}$$

计算特征值 λ 和特征向量 $\boldsymbol{v}$，

$$\lambda \boldsymbol{v} = \boldsymbol{C}^H \boldsymbol{v} \tag{3-71}$$

在式（3-71）两边同乘以 $\Phi(\boldsymbol{X}_k)$，得到：

$$\lambda [\Phi(\boldsymbol{X}_k) \cdot \boldsymbol{v}] = [\Phi(\boldsymbol{X}_k) \cdot \boldsymbol{C}^H \boldsymbol{v}] \tag{3-72}$$

对于任意 $\lambda \neq 0$ 的特征向量 $\boldsymbol{v}$ 存在系数矩阵 $\boldsymbol{\alpha}_i (i = 1, 2, 3, \cdots, n)$ 使式（3-73）成立，表示如下：

$$\boldsymbol{v} = \sum_{i=1}^{N} \boldsymbol{\alpha}_i \Phi(X_i) \tag{3-73}$$

将式（3-69）、式（3-70）和式（3-73）代入式（3-72），得到：

$$\lambda \sum \pmb{\alpha}_i [\Phi(\pmb{X}_k), \Phi(\pmb{X}_i)] = \frac{1}{N} \sum_{i=1}^{N} \pmb{\alpha}_i \left(\Phi(\pmb{X}_k), \sum_{j=1}^{N} \Phi(\pmb{X}_i)\right) (\Phi(\pmb{X}_i), \Phi(\pmb{X}_j)) \tag{3-74}$$

式中，$k=1, 2, 3, \cdots, N$，$j=1, 2, 3, \cdots, N$。

依据计算得到的 $n \times n$ 矩阵 $\pmb{K}$，将式（3—69）代入式（3—74），得到：

$$\lambda \sum_{i=1}^{N} \pmb{\alpha}_i \pmb{K}_{ki} = \frac{1}{N} \sum_{i=1}^{N} \pmb{\alpha}_i \sum_{j=1}^{N} \pmb{K}_{kj} \pmb{K}_{ji} \tag{3-75}$$

然后将式（3—73）转换成如式（3—74）所示的特征方程式：

$$\lambda N \pmb{K} \pmb{\alpha} = \pmb{K}^2 \pmb{\alpha} \tag{3-76}$$

通常核矩阵 $\pmb{K}$ 需要借助特征空间实现中心化处理，其处理过程如式（3—77）所示：

$$\widetilde{\pmb{K}} = \pmb{K} - 1_N \pmb{K} - \pmb{K} 1_N + 1_N \pmb{K} 1_N \tag{3-77}$$

式中，$1_N = \dfrac{1}{N}$，则式（3—77）可表示为：

$$\lambda N \pmb{\alpha} = \widetilde{\pmb{K}} \pmb{\alpha}, \quad \pmb{\alpha} = [\alpha_1, \alpha_2, \cdots, \alpha_n]^{\mathrm{T}} \tag{3-78}$$

式（3—73）应标准化向量 $\pmb{\alpha}$，且满足 $\|\pmb{\alpha}\|^2 = \lambda \dfrac{1}{N}$。

其次，新的海底管道腐蚀测试数据 $\Phi(\pmb{X})$ 需要在特征向量 v_k 下进行投影，$k=1, 2, 3, \cdots, p$，其中 p 表示主成分个数，得到的主成分即为投影 t_k：

$$t_k = [v_k, \overline{\Phi}(\pmb{X})] = \sum \pmb{\alpha}_i^k (\overline{\Phi}(\pmb{X}_i), \overline{\Phi}(\pmb{X})) = \sum_{i=1}^{N} \pmb{\alpha}_i^k k(\pmb{X}_i, \pmb{X}) \tag{3-79}$$

依据主成分方差贡献率的比例大小来确定核主成分的个数，当累计贡献率超过 85% 时，可确定 p 为主成分个数。因此，前 p 个主成分的累计贡献率可定义为：

$$\eta = \frac{\sum\limits_{i=1}^{p} \lambda_i}{\sum\limits_{i=1}^{N} \lambda_i} \tag{3-80}$$

最后，以提取的核主成分构建并优化海底管道内腐蚀速率预测指标体系，且以自变量形式输入到内腐蚀速率预测模型。

第四章　埋地管道腐蚀防护与评价方法

埋地管道腐蚀主要受到杂散电流和电化学的干扰。埋地管道腐蚀不同于海底管道腐蚀，由于埋地管道与土壤环境直接接触，土壤腐蚀及其中的杂散电流干扰腐蚀成为埋地管道腐蚀的主要因素。

第一节　埋地管道腐蚀防护基本概述

一、埋地管道腐蚀防护检测

（一）杂散电流

要了解埋地管道是否受到杂散电流干扰及干扰程度有多大等问题，必须通过测量杂散电流才能得知。因此，杂散电流的测量工作不仅是判断是否存在杂散电位危害的方法，也是评价抗干扰措施有效性的必要步骤。比如，当排流方法应用于抗杂散电流干扰中时，排流前的测量和排流后的测量就非常重要，因为这是判断排流工程是否有效的判断依据，所以杂散电流对管道腐蚀的影响是非常明显的，故对杂散电流的检测就显得尤为重要。

1. 直流杂散电流

为控制直流杂散电流对埋地管道的腐蚀，将直流干扰的测量分为直流干扰源和被干扰管道的调查测试内容。根据现场实际情况，一般干扰源需要测定以下几项内容：一是直流供电所的位置、馈电网络和回归网络的状态与分布；二是电车和其他干扰源的运行状况；三是铁轨和其他干扰源对地电位大小和干扰源分布情况；四是铁轨和其他干扰源的漏泄电流流动趋向及其电位梯度。其中，前两项是必测项目，后两项要根据现场实际情况判断是否需要测量。一般情况下第三项也应该被测量，这有助于判断杂散电流的干扰源，第四项则在疑似干扰严重的部位进行测量，以便正确判断直流干扰。

被干扰管道是由于存在干扰源导致电极电位产生变化，进而导致管道发生腐蚀，其被测量内容包括：管道与干扰源的分布和相对的位置，管地电位及其分布（包括管地电位按管道里程分布及管地电位随时间变化的分布），管壁中的干扰电流（其大小和方向），从管道里流出或流入的干扰电流大小和部位，管道对铁轨的电压大小及方向（极性），管道外防腐层的绝缘电阻大小，管道周边沿线的土壤电阻率，管道周边沿线存在的杂散电流的方向和电位梯度,管道阴极保护的参数及运行状况,管道与交叉、相邻的管道及其他埋地金属构筑物间的电位差及其电法保护的(包括排流保护)运行参数和状态。

(1) 管地电位测量方法及步骤。

被干扰管道的管地电位测量方法,如图 4-1 所示。按图接好测试线路,并记录测试值。管地电位测试时间段为 40~60 min,运行频繁的直流电气化铁路的测量时间段可取 30 min。一般在干扰源的负荷高峰、负荷低峰和一般负荷三个时间段上进行测量。读数时间间隔为 10~30 s,电位交变激烈时不应大于 10 s。对原计划排流点、实际排流点和排流效果评定点进行 24 h 连续测试。测试时,所有测试次数应大于 3 次,且测试开始和结束时间、测试时间段、读数时间间隔和测定点都应该相同。

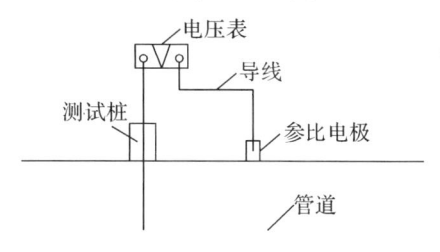

图 4-1 管地电位测量

在处理数据时,首先从测量值里选取最小值和最大值;其次计算测量值中正负管地电位的平均值;再次建立直角坐标系(纵轴为电位,横轴为时间),将某一测量时间段内各次测试值记入坐标系中,绘制成某测试点的电位时间曲线;最后建立直角坐标系(纵轴为电位,横轴为距离),将各测试点的电位数计入坐标系,绘制成某一干扰段的电位距离曲线,即为管地电位分布曲线。

使用数字式仪表或指针式表时平均电位按式(4-1)计算:

$$V(\pm) = \frac{\sum_{i=1}^{n} V_i(\pm)}{n} \tag{4-1}$$

式中,

$V(\pm)$ ——规定的测试时间段内正、负管地电位的平均值,V;

$\sum_{i=1}^{n} V_i(\pm)$ ——分别计算的正、负电位各次读数的总和,V;

n ——规定的测试时间段内读数的总次数。

使用记录仪式仪表时,首先按记录纸上的适当刻度,将选取的测试时间段的电位曲线分成若干段,然后确定每个分段的正电位平均值 $V_1(+)$,$V_2(+)$,$V_3(+)$,…,$V_n(+)$ 及负电位的平均值 $V_1(-)$,$V_2(-)$,$V_3(-)$,……,$V_n(-)$,按式(4-2)~式(4-3)计算正负电位平均值:

$$V(+) = \frac{V_1(+) + V_2(+) + \cdots + V_n(+)}{n} \tag{4-2}$$

$$V(-)=\frac{V_1(-)+V_2(-)+\cdots+V_n(-)}{n} \tag{4-3}$$

式中，

$V(+)$——规定测试时间段内正电位平均值，V；

$V(-)$——规定测试时间段内负电位平均值，V；

n——规定测试时间段内分成小段的总数。

(2) 土壤电位梯度与杂散电流方向测量。

杂散电流方向与土壤电位梯度测试接线图如图 4-2 所示。按图接好线路后，开始测试。首先，用各长 100 m 的导线将 a、b、c、d 这 4 只参比电极连接成互相正交的 2 个支路。当环境不允许参比电极间距达到 100 m 时可以适当缩短距离，但是应当使得测量电压表有明显的读数。

如果测量过程中两个电压表的读数稳定，则表明该处的杂散电流干扰简单，此时测量的读数可以按照式（4-1）计算其平均值。如果测量数据不稳定，则说明该处杂散电流干扰比较复杂，可按照两个电压表测量数据的正负性排列组合为四组数据，即正正、正负、负正、负负四组，然后按照式（4-2）和（4-3）计算其平均值。

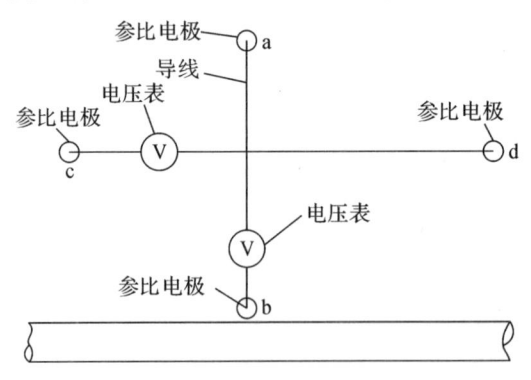

图 4-2 杂散电流方向与土壤电位梯度测试接线图

两个电压表测得的数据分别对应在坐标轴上，横轴、纵轴分别对应 cd 和 ab，将计算得到的平均值在坐标轴中标出。当计算其矢量和，则该矢量和代表该点的散杂电流方向。

将经过公式计算处理得到的平均值分别除以各自对应的参比电极之间的间距就可以得到电位梯度。沿被干扰管道多选取几个测量点，每个测量点用相同的方法来计算其电位梯度的大小和方向，这样便可以分析出被干扰段散杂电流的总方向。

(3) 铁轨与管道间电压测量。

杂散电流的干扰强度可通过测量铁轨与管道间的电压来判断，其测量原理如图 4-3 所示，测量步骤同样采用多次测量。

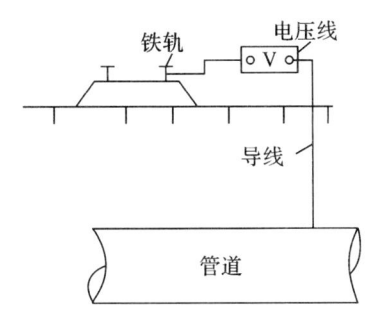

图 4-3 铁轨与管道间电压测量

当测量数值稳定且不随时间变化时，可采用式（4－1）来计算平均值；当测量数据变化明显，则表明铁轨对管道产生的直流干扰复杂，这时可采用式（4－2）或式（4－3）来计算其平均值，便于后期评价处理。

（4）管道电流的测量。

管道电流反映着直流杂散电流干扰在管道上的流通路径，是判断测量杂散电流的一项测量指标。测量方法如图 4-4 所示。

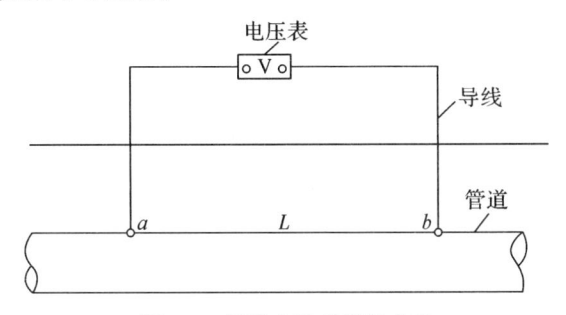

图 4-4 管道电流的测量方法

管道上 a、b 两点间的长度为 L，为了精确计算管线电流，长度的误差应该越小越好，一般不大于 1%，并且保证 a、b 两点的电位差不小于 50 μV。所以一般情况，测量得到的电位差需要进一步处理，处理方法跟铁轨与管道间电压测量值处理方法一致。管道电流的具体算式见式（4－4）。

$$I = \frac{V}{R} = \frac{V \cdot \delta \cdot \pi(D-\delta)}{\rho L} \tag{4－4}$$

式中，

I——管道电流，A；

V——a、b 两点间电位差平均值，V；

ρ——管材的电阻率，$\Omega \cdot mm^2/m$；

D——管子外径，mm；

δ——管子壁厚，mm；

L——a、b 两点间管道的长度，m；

R——管段长度为 L 的电阻，Ω。

由管道中电流的测量方法可知，杂散电流是先流进管道，再流出管道，所以在管道上选取 A、B 两点，保证 A、B 两点的距离不小于 a、b 两点间距 L 的 20 倍。如果在 A、B 两处同时进行管道电流的测量，那么流入或流出 A、B 间管段的电流可以按照式（4—5）计算。

$$I = I_A - I_B \tag{4-5}$$

式中，

I——流入或流出 A、B 管段的管道电流，A；

I_A——A 处管道电流，A；

I_B——B 处管道电流，A。

(5) 土壤电阻率的测量。

土壤是由固、液、气三相物质组成的复杂混合物。由于表征土壤性质的各项参数如电阻率、含水量、含盐量、松紧度、有机质含量、pH 值等会对埋地管道腐蚀产生影响，因此，在设计阴极保护前应调查了解土壤腐蚀性。虽然在测量保护电位时可以采用消除 IR 降的方法来提高精度，但在设计保护系统前要测得土壤会导致电压下降多少，同时，在不同天气状况（如雨雪、晴天）下的土壤电阻率不同，金属保护所提供的电流也不同，按照不同的电阻率来综合考虑和设计保护系统，这样保护系统才有较高的稳定性，并适应现场变化。例如，现场简单测量电位后，在没有考虑土壤电阻影响的情况下，根据测得的电阻率也可以计算出保护点的电位。目前，常用的土壤电阻率测定有以下两种方法：

第一，等距法。测量从地表到深度为 d 的平均土壤电阻率，接线方式如图 4-5 所示，四个电极安装在一条线上，d_1、d_2 代表测量的深度，保证 $d_1 = d_2$，电极的插入深度不应大于 $d/20$，电极引出线接至电阻仪，电阻仪内置有一手摇发电机，接好线后手摇发电机至额定转速，调节平衡旋钮，直到电表指针稳定下来，将读数与此时的倍率相乘即为接地电阻 R。电阻率的计算如下：

$$\rho = 2\pi a R \tag{4-6}$$

式中，

ρ——测量点从地表至深度为 d 的土层的平均土壤电阻率，$\Omega \cdot m$；

a——相邻两电极之间的距离，m；

R——接地电阻仪读数，Ω。

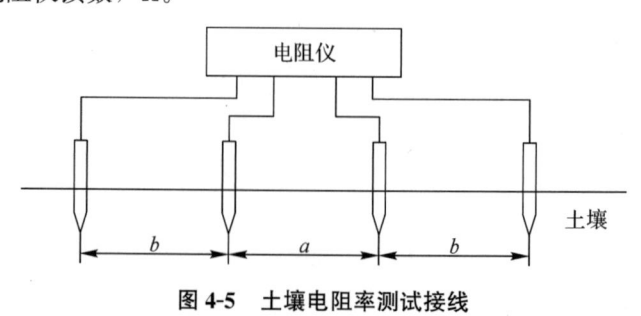

图 4-5 土壤电阻率测试接线

第二，不等距法。该方法主要测量深度不小于 20 m 的土壤电阻率，其测试接线方式与图 4-5 相似，不同的是 $b>a$。测量深度为 0～20 m 时，$a=1.6$ m，$b=20$ m；当测量深度为 0～55 m 时，$a=5$ m，$b=60$ m。此时测量深度 h 的计算公式如下：

$$h=\frac{(a+2b)}{2} \tag{4-7}$$

式中，

b——外侧电极与相邻内侧电极之间的距离，m；

h——测量深度，m；

a——内侧电极之间的距离，m。

与等距法一样，摇动电阻仪的手摇发电机，电表指针稳定后的读数乘以倍率即为测得的接地电阻值 R，土壤电阻率按式（4-8）计算：

$$\rho=\pi R\left(b+\frac{b^2}{a}\right) \tag{4-8}$$

式中，

ρ——从地表至深度为 h 的土层的平均土壤电阻率，$\Omega \cdot$ m；

R——接地电阻仪读数，Ω。

（6）铁轨电流和漏电电流测量。

在测量干扰源强度时，先要测量铁轨的电流和其漏电电流的大小，其测量接线方式如图 4-6 所示。

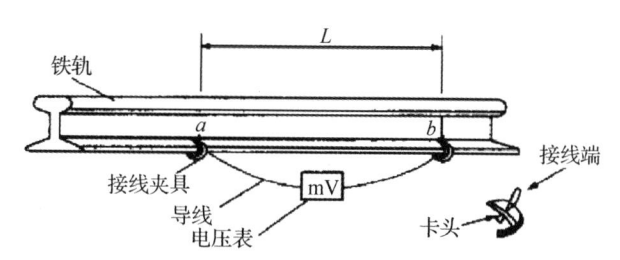

图 4-6　铁轨电流和漏电电流测量接线

然后，将多次测得的电压值取平均值，取平均值的方法与管道管地电位测量值的处理方法一致，最后按照式（4-9）计算铁轨上的电流。

$$I=\frac{V}{\rho L} \tag{4-9}$$

式中，

I——管道电流，A；

V——a、b 两点间电压平均值，V；

ρ——管材的电阻率，$\Omega \cdot$ m；

L——a、b 两点间管道的长度，m。

因为测量的是单个轨道的电流值,而轨道有两根,所以总的电流值为测量值的 2 倍。在轨道上选取 A、B 两点,保证两点间的距离是 L 的 20 倍以上,分别测量这两点上的电流值,A 和 B 间的轨道漏电电流可用式(4—10)计算。

$$I = I_A - I_B \quad (4-10)$$

式中,

　　I——A 和 B 之间轨道的泄漏电流,A;

　　I_A——A 处铁轨电流,A;

　　I_B——B 处铁轨电流,A。

(7) 测量仪器。

测量所需的测量仪器有电压表、导线、参比电极。通常干扰具有变化幅度小、变化速度快的特点,所以测量仪器就需要满足以下要求:能够满足直流干扰测试需要的显示速度、量程和准确度,同时还要有耗电小、携带方便、适应测试环境等优点。为了满足干扰测试的这种特殊要求,应择优选取具有数据自动记录及存储功能的测试仪器。因此,一般选用的仪器要满足以下几个要求:所测管轨、管地电位小于 2.5 V 时,电压表的内阻不能小于等于 10^4 Ω;指针式仪器的零点在表盘的中心位置(零点或双向可调);有多量程;响应时间快,一般不宜超过 1 s;测试管道、铁轨的纵向电压降及电位梯度时,仪表的分辨率不大于 1 mV;具有防电磁干扰性能。

测量用的参比电极一般为饱和硫酸铜铜电极,当所测电位数值较大时,也可采用钢棒电极。钢棒的直径不宜小于 15 mm,插入土壤的深度大于 100 mm。参比电极应置于被测埋地金属体的正上方,每次测试参比电极位置应保持一致。参比电极设置处,地下不应有冰层、混凝土层、金属体及其他影响测试结果的物体。土壤干燥时应浇水湿润地面,冬季宜浇热水。进行电位梯度测试前,参比电极应进行配对,每对参比电极之间的电极电位偏差应不大于 1 mV。测试值应换算成硫酸铜参比电极下的数值。

因为判断直流干扰的自然电位要在无干扰和管道金属充分去极化后测量,所以测量工作前的 24 h 前就要切断阴极保护电源,以确保管道金属处于充分去极化的状态。如果干扰一直存在,那么就必须采取措施避免干扰。例如,采用极化探头法或者采取当地土壤样本在实验室得出管道金属的自然电位。

2. 交流干扰

交流干扰是附近高压输电线路和电气化铁路对管道产生的影响。故对高压输电线路的干扰源应做以下调查或测试:埋地管道与高压输电线路接近的距离以及长度,接地系统的类型及其与管道的距离,额定电压、额定电流和三相负荷的不平衡程度,最大的单相短路故障电流及其持续的时间,最大的相间短路故障电流及其持续的时间。

对电气化铁路的干扰源应做以下调查或测试:铁轨与埋地管道的相互位置、牵引变电所的位置、馈电网络以及其他供电方式和回归线网的电气参数、状态与分布；电气机车的负荷曲线和运行状况，即该地区的通过次数与时间的关系；铁轨和其他干扰源的对地电位及其分布情况；铁轨和其他干扰源的漏泄电流流动趋向及其电位梯度的大小。

对被干扰管道应作下列调查或测试：本地区曾经的腐蚀情况的实例；干扰源与管道的相对位置和分布情况；管地中存在的交流电位及其分布，涵盖管地电位随着管道里程的分布以及时间变化的分布情况；管道对大地的漏泄阻抗大小；管道周边的沿线土壤电阻率大小和大地导电率大小；管道现存在的阴极保护和排流保护的运行参数及状况；关于相邻管道或者埋地金属构筑物的防护和干扰腐蚀的相关技术资料。

（1）管道交流干扰电压测量。

交流干扰电压的测量与直流干扰的测量类似，但不同的是交流干扰要求参比电极与管道之间的距离大于等于 10 m，直流干扰测量中要越近越好。管道交流干扰如图 4-7 所示。

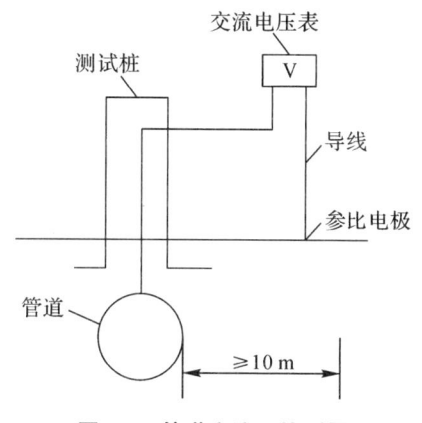

图 4-7 管道交流干扰测量

接好线路后，记录测试值。测试时间段为 40～60 min，对运行频繁的电气化铁路可取 30 min；测试时间段应分别选择在干扰源的负荷高峰、负荷低峰和一般负荷三个时间段上。读数时间间隔一般为 10～30 s，电压幅值变动剧烈时不应大于 10 s。当干扰剧烈时，拟定采取排流措施的点、实际安装排流设施的点、排流效果评定点以及其他具有代表性的点，进行 24 h 连续测量。所有测试点的交流干扰测试不得少于 3 次，每次的起止时间、测试时间、读数时间间隔均应相同。测量的数据中将干扰电压的最大值和最小值从各次数据中直接获取，平均值则按式（4-11）计算：

$$U_P = \frac{\sum_{i=1}^{n} U_i}{n} \tag{4-11}$$

式中，

U_P——规定的测试时间段内交流干扰电压的平均值，V；

$\sum_{i=1}^{n} U_i$——规定的测试时间段内交流干扰电压各次读数的总和，V；

n——规定的测试时间段内读数的总次数。

因为测量的交流干扰电压是随时间的变化来测量的，所以绘制出测量点的电压－时间曲线图可知该段时间内管道上电压的变化情况。

选取不同的测试桩采用同样的方法进行检测，即可以得到干扰管段的最大、最小和平均干扰电压与管线长度的分布曲线。

（2）管道交流参数的测量。

交流电与直流电相比较复杂，描述交流电的参数也比直流电多，除了电流、电压，还有相位。所以管道交流参数的测量亦相对比较复杂，但对其进行测量可以得到管道上交流电压的分布特性，有助于判断交流干扰的影响。管道交流参数测量如图 4-8 所示。

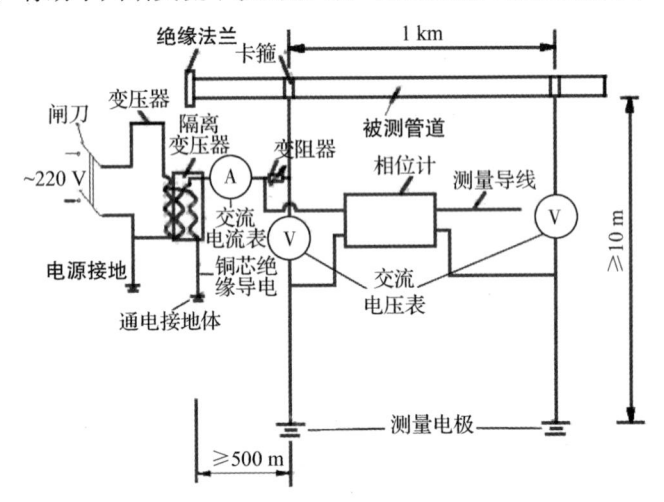

图 4-8 管道交流参数测量

测量过程应在阴极保护系统切断的状态下进行，这样测量的参数不会因阴极保护系统的电流而带来影响。如果被测管道上的两点相距 1 km，则测试时间一般为 10 min，读数时间间隔 30 s；如果采用可以记录的测量仪表，通电测试时间要大于 30 min，而且每次的测量重复 3 次并对比结果，以减小测量误差和测量错误。读取的参数如下：

第一，I_{0i} 规定的测试时间内通电点各次的测量电流，A；

第二，U_{0i} 规定的测试时间内通电点各次的测量电压，V；

第三，U_{1i} 规定的测试时间内单位长度处管道对地电压点各次测量值，V；

第四，φ_{0i} 规定的测试时间内 I_0 与 U_0 之间相位差各次读数；

第五，φ_{1i} 规定的测试时间内 U_0 与 U_i 之间相位差各次读数。

把间隔时间测量得到的数据用式（4－12）～式（4－16）计算求取平均值。

$$I_0 = \frac{\sum_{i=1}^{n} I_{0i}}{n} \tag{4－12}$$

$$U_0 = \frac{\sum_{i=1}^{n} U_{0i}}{n} \tag{4-13}$$

$$U_1 = \frac{\sum_{i=1}^{n} U_{1i}}{n} \tag{4-14}$$

$$\varphi_0 = \frac{\sum_{i=1}^{n} \varphi_{0i}}{n} \tag{4-15}$$

$$\varphi_i = \frac{\sum_{i=1}^{n} \varphi_{1i}}{n} \tag{4-16}$$

式中，

I_0——规定的测试时间段内通电点电流各次测试读数平均值，A；

U_0——规定的测试时间段内通电点管道对地电压各次测试读数平均值，V；

U_1——规定的测试时间段内单位长度处管道对地电压各次测试平均值，V；

φ_0——规定的测试时间段内 I_0 与 U_0 之间相位差各次读数平均值；

φ_1——规定的测试时间段内 U_0 与 U_i 之间相位差各次读数平均值；

$\sum_{i=1}^{n} I_{0i}$——规定的测试时间段内通电点电流各次测试读数的总和，A；

$\sum_{i=1}^{n} U_{0i}$——规定的测试时间段内通电点管道对地电压各次测量值总和，V；

$\sum_{i=1}^{n} U_{1i}$——规定的测试时间段内单位长度处管道对地电压各次测试读数的总和，V；

$\sum_{i=1}^{n} \varphi_{0i}$——规定的测试时间段内 I_0 与 U_0 之间相位差各次读数的总和；

$\sum_{i=1}^{n} \varphi_{1i}$——规定的测试时间段内 U_0 与 U_i 之间相位差各次读数的总和；

n——规定的测试时间段内测试读数的总次数。

（3）测量仪器。

交流干扰的产生是因受到地电流、电磁感应等的影响，所以测量仪器、仪表需要具有防电磁干扰的性能，这些器材包括交流电压表、交流电流表、数字式相位计、自耦变压器、隔离变压器、变阻器、通电接地体、测量电极、测量导线、铜芯绝缘导线、单相闸刀开关、卡箍、屏蔽导线等。测量用的参比电极可采用钢棒，也可用铜硫酸铜电极。它们的使用需满足以下要求：

第一，当使用钢棒电极时，直径不小于 16 mm，插入土壤深度在 100 mm 较适宜，并且参比电极应当垂直插入，地下不能有冰层、金属、混凝土等影响测试的物体。每次测量参比电极的位置应当保持一致。

第二，为了减小土壤电阻测量误差，可将干燥土壤用水浇湿。

第三，测量时，应接好测量仪器回路，然后再连接管道或参比电极，这样测量速度快，且不会产生接触不良而损害测量仪器及影响测量结果的正确性。当测量完成时，应要先断开被测量物体，且为了避免人员受到伤害，应当单手操作，使操作人员在操作过程中处于开路状态。

（二）电化学腐蚀

1. 电化学腐蚀倾向的判据

自由焓和电极电位可以判断电化学腐蚀倾向的大小。

（1）自由焓准则。

恒压、恒温下发生的腐蚀反应，电化学腐蚀倾向的大小可根据热力学定律判断：

$$(\Delta G)_{T, P} = \sum v_i \mu_i \tag{4-17}$$

式中，

$(\Delta G)_{T, P}$——在恒温、恒压下的自由焓的变化；

v_i——第 i 种物质的化学反应方程式中的配平系数；

μ_i——第 i 种物质的偏摩尔自由能（化学位）。

对于等温等压条件下：当 $(\Delta G)_{T, P} < 0$ 时，腐蚀反应处于不可逆的自发过程；当 $(\Delta G)_{T, P} > 0$ 时，腐蚀反应处于非自发过程；当 $(\Delta G)_{T, P} = 0$ 时，腐蚀反应处于可逆的平衡过程。由此可知，从 $(\Delta G)_{T, P}$ 的值推断物质腐蚀反应倾向性的高低，但不能推断物质的腐蚀速度。

（2）电极电位判据。

在电化学腐蚀中，依据热力学定律，最大非膨胀功在恒压恒温下的可逆过程相当于减少的反应自由焓。电功是非膨胀功的情况下，其表达式为：

$$W' = (\Delta G)_{T, P} = QE = -mFE \tag{4-18}$$

式中，

W'——电功（非膨胀功）；

Q——电化学中电池反应的电量；

m——电化学中电极反应的电子数；

F——法拉第常数；

E——电动势（电池），即氧化反应阳极电位与还原反应阴极电位所得到的电位差，即 $E = E_C - E_A$ 或 $E = \varphi_+ - \varphi_-$。

因此，由腐蚀倾向性的热力学判断依据可得知，金属腐蚀倾向性有以下三种情况：

① $E_A < E_C$ 或 $\varphi_+ > \varphi_-$（$(\Delta G)_{T, P} < 0$），（电位 E_A 的金属）腐蚀反应过程自发进行；

② $E_A = E_C$ 或 $\varphi_+ = \varphi_-$（$(\Delta G)_{T,P} = 0$），平衡状态；

③ $E_A > E_C$ 或 $\varphi_+ < \varphi_-$（$(\Delta G)_{T,P} > 0$），（电位 E_A 的金属）腐蚀反应过程非自发进行。

由上述可知，发生电化学腐蚀所需的能量条件，即在土壤的电化学腐蚀中，只有当管道的电位比土壤环境电位低时，腐蚀反应才能自发进行。

对于非标准状态下的电极体系，可用 Nernst 公式计算金属和腐蚀剂的电极电位：

$$E = E^0 + \frac{2.3RT}{nF} \lg \frac{a_0}{a_R} \tag{4-19}$$

式中，

E——金属电极电位；

E^0——在温度为 25℃，1 个标准大气压下的金属标准电极电位；

F——法拉第常数，$F = 96500 \text{ C/mol} = 26.8 \text{ A·h/mol}$；

R——气体常数，$R = 8.314 \text{ J/(mol·K)}$；

n——电子转移数；

T——绝对温度；

a_0——氧化态；

a_R——还原态。

温度为 25℃，1 个标准大气压下的金属标准电极电位，可以从电化学手册查得或通过标准公式求得：

$$E^0 = \frac{1}{nF} \sum_i v_i \mu_i \tag{4-20}$$

式中，

μ_i——金属离子的活度；

v_i——化学计量系数；

F——法拉第常数；

n——金属离子价数。

在 pH=0 的酸性溶液和 pH=7 的中性溶液中，氧电极和氢电极的平衡电位：E^0（氧）=+1.229 V 和+0.815 V，E^0（氢）=0 V 和-0.414 V，故可将金属的腐蚀性能划分为以下 5 组：

①当-3.405 V$< E^0 <$-0.440 V 时，可以在有非氧的氧化剂的中性介质中腐蚀，金属的热力学腐蚀稳定性很不稳定；

②当-0.440 V$< E^0 <$-0.037 V 时，不能在非氧的中性介质腐蚀，可以在酸性介质中腐蚀，金属的热力学腐蚀稳定性不稳定；

③当-0.037 V$< E^0 <$+0.800 V 时，不能在非氧的中性介质和酸性介质中腐蚀，金

属的热力学腐蚀稳定性中等；

④当+0.800 V< E^0 <1.190 V 时，不能在有氧的中性介质中腐蚀，可能会在酸性介质中含有氧化剂的情况下发生腐蚀，金属的热力学腐蚀稳定性高稳定；

⑤当+1.190 V< E^0 时，不能在有氧的酸性介质中腐蚀，金属的热力学腐蚀稳定性完全稳定。

根据上述分组，埋地的金属长输管道标准电极电位为—0.440 V，属于金属的热力学腐蚀不稳定级，在土壤环境中很容易导致腐蚀，但是对电极电位腐蚀倾向性的判断并不能说明埋地金属管道腐蚀速率的高低，只能表明土壤环境与腐蚀速率相关，指出了腐蚀发生的可能性。

2. 金属腐蚀实验评定法

为了使金属腐蚀的实验结果更具有可靠性、可比性，必须控制和考虑腐蚀介质（物质腐蚀性的含量和成分等）、金属试样特性（试样的暴露情况、原始状况、表面形态等）、腐蚀环境（大气压、温度、湿度等）相关条件。

常用的评定方法有以下几种：

(1) 表面腐蚀状态检查法。

按检查的方法和条件手段可分为显微分析和宏观观察两种。显微分析是通过使用仪器设备对被腐蚀物进行研究，以此分析金属腐蚀的过程和细小特征；宏观观察是检查者通过肉眼观察表面及局部的金属腐蚀产物和前后腐蚀形式和状态（腐蚀分布、表面形态）等。

(2) 失重法。

依据标准 SY/T 0087.2—2012 和 SY/T 0029—2012，通过选取相应的试验片，去除腐蚀产物后，并对试验片进行清洗、干燥、使用电子天平称重后代入计算公式。试验片去除腐蚀产物和腐蚀后的质量损失 ΔW 为：

$$\Delta W = W_0 - W_1 \tag{4-21}$$

腐蚀速率：

$$v_{失} = \frac{K \Delta W}{ATD} \tag{4-22}$$

式中，

W_0——腐蚀试验前试片的原始质量，g；

W_1——腐蚀试验后，去除腐蚀产物后的试片质量，g；

K——常数（参考标准和单位要求选择）；

A——试片的面积，cm³；

T——腐蚀试验的时间，h；

D——试验片钢材密度，g/cm³。

(3) 腐蚀深度法。

因为管道被腐蚀的深度会影响到管道的使用寿命,所以通过将金属试件的质量损失根据公式换算成腐蚀深度,即用腐蚀深度来表示失重法中因腐蚀而减小的质量,从而反应出金属的腐蚀速度及管道的腐蚀情况:

$$v_L = v_{失} \times \frac{8.76}{\rho} \qquad (4-23)$$

式中,

v_L——腐蚀速度表示的深度指标,mm/a;

ρ——腐蚀金属材料的密度,g/cm³。

(4) 电流密度表示法。

长输管道的腐蚀主要体现为电化学腐蚀里的金属阳极溶解。从法拉第定律可知,通过 1 F 电量相当于溶解 1 g 金属当量。当阳极溶解的质量是 Δm 时,则阳极通过的电流强度 I 为:

$$\Delta m = \frac{MIt}{nF} \geqslant I = \frac{\Delta m n F}{Mt} \qquad (4-24)$$

式中,

M——金属原子量;

F——法拉第常数;

n——化合价数;

t——腐蚀溶解时间。

因此,金属的电化学腐蚀速度可以用阳极电流密度来表示:

$$i_a = \frac{v n \rho \times 3.06 \times 10^{-4}}{M} \qquad (4-25)$$

式中,

v——物质腐蚀的速度(失重法);

M——物质原子量;

i_a——腐蚀的阳极电流密度,μA/cm²;

ρ——腐蚀金属材料的密度,g/cm³。

二、埋地管道腐蚀防护检测技术

若埋地管道在使用中具有很好的电绝缘性、黏附性、连续性及耐腐蚀性的防腐层表面,就可以减少外界因素对管道的腐蚀和侵害。但目前很多种外界的影响因素都可能约束着这个防腐的整体性能,并且防腐层在工作一段时间后,其整体性能会有一定程度的改变,同时,对于各种老化及其他人为的损坏导致的质量下降等不能被及时检查出来并修复，最后将造成管道穿孔、破裂破坏情况的发生。

所以研究人员应该对管道的防腐层进行检测和研究，提供实时准确的关于管道防腐层的全面数据给经营管道的公司。例如，随着检测技术的发展，之前的盲目挖管道现象已经不再出现。不仅可以节省管道防腐层的修复支出，而且能够提高管道的使用年限。

综合而言，运用无损检测理论对管道进行无损检测，并对检测结果进行评价研究。这对企业的正常运行和经济的可靠发展起到了积极的影响。

(一) 管道内检测技术

科学技术的创新不仅使人们生活水平有所提高，而且更好地促进各种技术的突飞猛进，埋地管道的内部测量技术也越来越先进。例如，将无损检测装置安装在清洁装置上，使用智能附有无损检测的仪器对管道做清洁处理，在清洁管器工作中也能够判断出管道内部的情况。

目前，国际上各大实力雄厚的质量监测公司都有不同系列和种类的产品在应用。下面按功能对这些检测技术进行分类，具体检测技术如下。

1. 测径检测技术

测径检测技术主要是对被检测的管道的形状变化进行检测，通过检测数据找出形变的精确位置。这种检测技术可以运用多种方法检测管道的各种形状变化，如运用相关的原理和设备检查管道内部的完整情况，是否有凹凸问题、管道内径有无增减等，并分析出影响管道内径变化的几种因素。

2. 泄漏检测技术

压差法和声波辐射方法是泄漏检测技术中最主要的检测方法，也是现今比较完整的检测技术。其中，压差法是通过观察注入管道内的检测液体在经过自身带的测压装置仪器时的压力变化情况，从而达到检测的目的。对管道内压力的检测时，若出现不同压力，则压力最低的区域就是泄漏处，然后运用专用的检测设备对此区域进行排查。声波辐射方法的关键所在就是用声波的反射原理对管道破损处检查，特定的声波在管道中将会发出一种特殊的声音。若声音有变化则表示有泄漏点，然后运用选频率的电子设备对泄漏点进行检测再收集，再运用特定的装置和分析系统确定问题处的具体方位。

3. 漏磁通检测技术

对于管道的完整性检测，尤其是内部检测问题的相关技术有很多种，运用漏磁通的相关知识达到检测目的的技术是最早应用的。该技术可以对管道的内部和形状受损的外部进行比较系统的检查，由于外部因素对其影响不是很大，既可以用输油管道也可以用输气管道来推断出其防腐层情况。然而，噪音的产生在漏磁通量运用的过程中不是绝对的，假如没有其他形式对采集的数据进行放大处理，不正常信号也很明显地记录在数据中。虽然它在实际中的运用不是很复杂,但需要注意的是,在漏磁通检测仪正常工作时,工作人员应该对清管仪器的相关工作参数进行控制,尤其是速度问题,该方法对速度的反应很大。由于漏磁通检测装置工作时对速度的变化较为敏感,即使使用全新的传感器,仍然不能完全消除速度的影响。另外,这项技术需要管壁达到完全磁性饱和才能检测管道。而且对测试精度与管壁厚度也有很细致的要求,这二者间也有一定的联系,即厚度增大,精度就会减小,因此该技术要在管壁厚度不超过 12 mm 范围内使用。

4. 压电超声波检测技术

电压型的超声波检测技术不同于常用的超声波检测技术,前者主要依靠管内的液体使传感器正常工作并和管道的内壁产生一定的耦合现象,因此会产生一个耦合系数,通过测量这个耦合系数的大小对管道进行全面检测。压电超声波检测技术的精髓在于超声波的反射,当遇到管道有缺陷或裂痕时发射效果会产生变化,这种检测方法比传统的检测可靠性强精度高,是目前该领域对管道裂痕检测最为有保障的检测方法。由于声波传感器材质本身的问题,使得此设备正常工作可能出现一些质量的问题,并且传感器的相关部件对与管壁连接的要求很高,在管内液体中一定要完全连接,这要求质量很高的管内连接剂。所以这种方法只适用于液体的管道输送。

5. 电磁超声检测(EMAT)技术

超声波由于频率高、波长短,因此具有良好的方向性和穿透能力,而且超声波能量大,检测方便,故可以用来实现无损检测。该技术使用的是一种弹性导电介质而并非常规意义的连接和液体间的相互作用,同时与理论相结合将最新的技术和最先进的设备运用其中。管壁上的电磁波传感器作为输出端发送超声波,若管壁是相同材质并且分布均匀,则由于介质的阻碍作用会使超声波在传播的过程中能量有所损耗;若管壁出现损坏时,损坏处的阻碍作用将会明显,严重影响声波的传播,甚至出现声阻反射、折射和漫反射,则接收端就会得到与变化之前完全不同的声波。以上问题的解决使超声波测量在输气管道中广泛运用,又因更优于漏磁通检测技术,所以成为输气检测中比较值得信赖的检测技术。

(二)管道外检测技术

地下管道的腐蚀防护主要采用外防腐层加阴极保护互补的方式,正因如此,管道防腐检测技术也都是针对这两项内容进行的,以这两项内容的保护效果为检测目标。外防腐层情况主要是观察能够表现防腐层大体情况的绝缘电阻率和有没有某部分破损点;阴极保护的保护作用主要是看显示电位有没有在有效的范围之内,是否会出现欠保护与过保护的情形。

腐蚀防护系统检测由两种方法共同组成,它们分别是外防腐层检测和阴极保护检测。根据管道是否被挖出到地面,检测可细分为开挖检测和地面无损检测。实际操作中,将管道挖出来后对其进行检测是最直接的方法,但这种手段有许多实际情况的制约,除非万不得已，大多都是利用各种装置在地面进行无损检测。

对防腐层和管道的外表面腐蚀情况进行系统测量即为管道外部检测。管道外部检测方法的核心是不接触管道本身，在有一定距离的情况下，使用对应的检测仪器对管道的整体情况进行检查，然后分析管道的整体结构和受损情况，得出实时的管道完好程度数据。这些数据会直接提供给相关单位，其可根据这些数据来确定维护及维修的具体方位。这种方法不但可节省时间，而且可保护管道的完整性。

管道外部检测主要内容有：①检测管道的防腐层的完整性并对管道的破损程度进行评价；②对管道安防系统的好坏进行评价；③对损坏处的情况进行检测，指导后续的维修工作；④指出存在隐患的未破损处；⑤指出管道中由于外力作用而出现破损的破损处的具体位置；⑥对防护腐蚀的情景进行评价。

在管道上加载直流或交流信号并应用在各类的防腐层缺陷检测技术上。特定的检测方法只能在一定的外部因素都具备时且配合其他设备才能进行实际操作。以下介绍了几种比较常见的管道防腐层的检测方法。

1. 直流电压梯度（Direct Current Voltage Gradient，DCVG）检测方法

此种检测方法是几种检测技术的综合体，主要技术有直流脉冲技术和阴极保护技术。直流电压梯度检测方法主要针对各类不裸露的管道，即对埋地管道的检测。在实际应用中，该方法是目前地下管道防腐层缺陷检测技术中最科学、最精准且值得信赖的缺陷处定位方法。

由于 DCVG 检测方法受各类电源的影响较大，一般使用不对称的直流间断电压，在此期间间断周期为 1 s，通断占空比为 2∶1。

直流电压梯度检测法的关键是在埋地管道的上方放置两个硫酸铜电极（饱和 $CuSO_4$/Cu 电极）且要求跟探测的电极有电气连接，再由探测电极和精度极高的毫伏表和控制电流停止的仪器三部分实现。

在进行检测中，将电极的距离控制在 2 m 以内，分别放在管道两侧，如果毫伏表的指针有变化，则此位置就是破损处。这种检测装置会智能地保存下测量的各个点的电位梯度值和它们之间的距离及具体位置，并且随着两个电极的逐步靠近会更加精确，然后将测量后所需数据保存并作后期的相关处理，分析电位梯度和管道距离之间的函数关系，并给出二者关系图，直流电压梯度测试如图 4-9 所示。

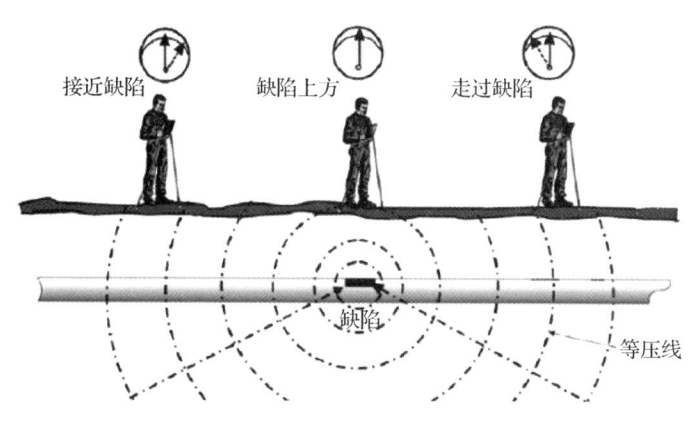

图 4-9　直流电压梯度测试示意图

直流电压梯度检测方法既可以显示出管道各处的电位梯度值，进而分析管道总体情况，也可以精准地测量出管道发生破坏位置的确切方位，通常应用于 1 m 以内的埋地管道，误差在 10 cm 范围内。

此外，运用公式可以算出 DCVG 检测方法测试防腐层时的破损情况。对于外加电压变化引起的管道上给点电位的相关变化如图 4-10 所示。

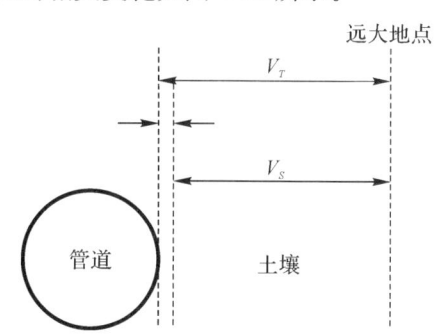

图 4-10　DCVG 检测方法的压降关系

各参数间的关系式如下：

$$V_T = V_I + V_S \tag{4-26}$$

式中，

V_T——管道到远大地点的电位差；

V_I——管道到土壤的电位差；

V_S——管道边的土壤到远大地点的电位差。

在保护电压降中，V_I 是外加阴极保护电压，在埋地管道阴极可以直接起到保护管作用的部分电位；V_S 是消耗部分的电位，这部分电压不能用作对管道腐蚀及破损的保护管。因此，如果需要更大程度的保障，则要求 V_I 远远大于 V_S，即保护的程度可以用 V_I 的大小来体现。

然而，在现场的工作中，V_I 这个数据比较不容易获得，但 V_S 的获得却不是很难。由于 V_S 和 V_I 之间的关系，因此可以运用 V_S 的大小来判定保护程度的好坏，经常用以下关系式表示：

$$IR = \frac{V_S}{V_T} \times 100\% \qquad (4-27)$$

由式（4—27）可知，随着 IR 降值的增大，保护效果反而变差。换而言之，埋地管道的损坏程度越大。

对比各种的管道防护检测技术，该技术体现找出管道破损处的具体情况，其他检测技术尚不能达到这点。

直流电压梯度检测法优点如下：①地下管道的破损位置可以精确确定；②测量出损坏区域的面积；③检测防腐层的损坏程度；④可以知道电流流动方向和腐蚀缺损；⑤可以确定管道维护及修复的优先顺序；⑥根据不同土质，判断电流离散程度；⑦短距离评估更有效。

其缺点是智能化不够，人员工作时间较长，工作较为复杂且对环境要求很高。

2. 多频管中电流（Pipeline Current Mapper，PCM）技术

PCM 检测方法是利用外接电源，在管地之间加载一个具有固定频率的正弦电压信号，再向埋地管道中接入一个激励电流信号，并根据沿管道检测过程中电流信号的衰减梯度，可以计算出外防腐层的绝缘电阻值，以判断外防腐层是否满足性能要求。PCM 设备具有较高的测量精度，通过检测固定间距位置处的电流强度，可以测定电流梯度的分布，确定埋地管道的走向及支管分布，利用 A 字架就可以实现对管道外防腐层破损的精确检测和定位。

PCM 检测方法具有较强的管道定位功能，同时，该方法不会受到地形因素和防腐涂层材料等外界因素的影响。因此，该方法适用于地表环境复杂多变的埋地管道的外防腐层检测。

目前，常用的外检测技术虽然在结构、功能、检测重点等方面存在差异，但是其基本原理多是通过在管道上加载电流信号来实现对外防腐层质量的评价与检测的，这些常用的检测方法也有各自的优缺点和适用范围，在实际检测过程中需要根据现场实际情况进行选择。

由于所有检测技术均通过电信号实现对防腐层状况的评价，因此，在实际运用中均存在不足之处：例如，易受外界土壤、电流等因素影响，检测精度存在偏差，以及检测者的工作经验影响而产生人为偏差等。而管道内检测技术可以对管道进行检测，其检测结果与外检测的结果可以形成互补，合理使用两种技术可大大降低事故发生的概率，延缓管道的老化，延长其服役年限。

3. 标准管地电位（P/S）检测技术

P/S 检测方法是针对阴极保护效果的一种检测方法。通过检测接地硫酸铜电极与金属

表面某一点之间的电位，P/S检测方法可以对防腐层和阴极保护的质量状况进行评估。这种方法通常利用现场的检查桩检测管地电位，可以快速取得相关数据，因此得到了广泛应用。但这种方法得到的数据受多种因素影响且存在人为误差，又由于现场的检查桩设置间隔长，无法对外防腐层破损点进行精确定位，因此无法对防腐层状况进行全面检测。

4. 密间距电位（Close Interval Potential Survey，CIPS）检测技术

密间距电位检测技术与P/S检测技术类似，但是前者利用较小的间隔沿管道进行测量，并利用断流法消除土壤环境对检测结果的影响，间接测量阴极保护的状态，对破损点进行定位并测定其面积，相比较于其他方法，具有较高的精度。密间距电位方法同样易受到外界因素干扰，且检测结果依赖操作者检测经验，因此容易造成人为偏差。

5. 电流－电位检测技术

电流－电位检测方法通过在管道上中加载直流电流信号，测量两个点位之间的电位差，根据欧姆定律可以计算出电流值和电流漏失值，并利用电压差计算出此处的绝缘电阻值。但这种方法受到客观因素的制约较多，其测量结果的准确性难以保证。

（三）金属磁记忆检测技术

管道在交变应力的持续作用下，会因微观缺陷和机械应力集中而产生疲劳失效。这些微观缺陷和应力集中部位在管道的运行过程中会逐渐演化成为宏观裂纹，并进一步加剧导致管道的泄漏。铁磁性材料的应力集中区在载荷和地球磁场的作用下会在其表面形成漏磁场，金属磁记忆检测技术通过分析和记录漏磁场分布情况来对管道进行疲劳损伤和早期缺陷检测。在地球磁场和载荷作用下，铁磁性材料发生的磁机械效应和磁弹性效应是金属磁记忆现象产生的原因。铁磁性材料应力集中区中的磁畴结构在外界磁场和应力载荷的作用下会产生不可逆的定向排布，其宏观表现是在材料的表面产生漏磁场。通过对漏磁场的检测可以确定材料应力集中区的位置，并对检测工件的疲劳情况进行判断（图4-11）。应力集中区域的磁场强度与其他区域存在明显差异，表现为水平方向磁场强度会出现最大值，而垂直方向磁场强度经过零点，零点两侧方向相反。

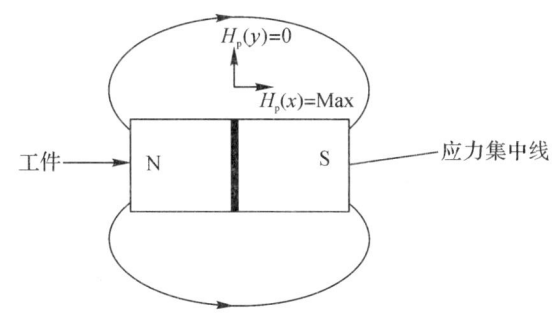

图 4-11 磁记忆检测原理

这种检测方法不需要对管道表面进行清洁，也无需专门磁化，通过金属磁记忆检测技

术对管道的应力集中区进行检测，可以保证较高的精度和准确性。虽然这门技术发展时间较短，但是在问世之后得到了迅速推广应用，目前已经可以进行非接触检测，适合对各种复杂环境下的在役埋地管道进行检测。非接触式金属磁记忆检测技术对于制造缺陷、焊接缺陷、腐蚀缺陷以及机械损伤等都具有较高的检测精度。

第二节　埋地管道腐蚀防护检测技术与评价

一、埋地管道腐蚀防护检测评价

埋地管道腐蚀环境调查主要包括土壤腐蚀性调查和杂散电流干扰调查。由于埋地管道与土壤环境直接接触，因此土壤腐蚀与其中的杂散电流干扰腐蚀成为埋地管道腐蚀的主要因素。在进行腐蚀防护系统设计前和开展管道全面检验时，都需要对管线周围的腐蚀环境进行调查。

（一）土壤腐蚀性检测评价

1. 土壤腐蚀性评价指标筛选

影响土壤腐蚀性的指标很多且各种因素的影响程度大小也不相同。选用多指标进行土壤腐蚀性研究的方法已被广泛接受。目前，对于判定土壤腐蚀性的多指标评价方法中，美国 ANSI A21.5 法和德国的 Bceckman 法得到了广泛的应用。然而，美国的 ANSI A21.5 法只适用于铸铁管道在土壤中使用时且需用聚乙烯保护膜。德国的 Bceckman 法总共纳入了 12 项指标，由于考虑的指标过多且有的指标测量也十分不方便，因此导致其在实际操作中存在数据难以收集完全的问题。我国土壤腐蚀试验网站还给出了有关材料土壤腐蚀试验方法，考虑的因素多达 20 种以上。最近，一些学者开始尝试用模式识别和模糊数学的方法研究土壤腐蚀性的预测问题，预测效果良好。

本书参考《埋地钢质管道腐蚀防护工程检验》（GB/T 19285—2014）对土壤腐蚀性综合评价。一般情况下，土壤腐蚀性调查应包括土壤电阻率、管道自然腐蚀电位、氧化还原电位、土壤 pH 值、土壤质地、土壤含水量、土壤含盐量、土壤氯离子含量共八项指标的测试。测试数据宜因不同季节分别给出，特殊条件下可适当调整，土壤腐蚀性综合评价方法指标筛选见表 4-1。

表 4-1　土壤腐蚀性综合评价方法指标筛选

评价方法	选用指标
ANSI A21.5 法	土壤电阻率、氧化还原电位、土壤 pH 值、硫化物、湿度

续表

评价方法	选用指标
Bceckman 法	土壤质地、土壤电阻率、土壤含水量、土壤 pH 值、土壤酸碱度、土壤硫化物、土壤中性盐、土壤硫酸盐、埋设试样处的地下水情况、垂直方向土壤均匀性、材料/土壤电位
GB/T 19285—2014 法	土壤电阻率、管道自然腐蚀电位、氧化还原电位、土壤 pH 值、土壤质地、土壤含水量、土壤含盐量、土壤氯离子含量

2. 土壤腐蚀性单项指标测评技术

在管道周围土壤腐蚀性评价中，由于受到检测条件的限制，通常选取某一种典型因素作为评价的指标，如目前工程中常用土壤电阻率来评价土壤腐蚀性的强弱。虽然这种评价方法有一定的片面性，但也具有一定的准确性与可操作性。

土壤电阻率是反映土壤腐蚀性强弱的一个综合性指标。其中，土壤电阻率越小，土壤腐蚀性越强，但不同的国家判定的标准不相同。在我国，很多油田和生产部门都采用土壤电阻率作为评价土壤腐蚀性的指标，这种方法非常便捷，在某些场合也较为可靠，但影响土壤腐蚀性的因素众多，仅仅用土壤电阻率来评价其腐蚀性会有一定的局限性。

3. 管道自然腐蚀电位

管道自然腐蚀电位是管道在未施加阴极保护时的管地电位。一般地，管地电位检测包括管道自然腐蚀电位、试片自然腐蚀电位、阴极通电点电位、管道保护电位等，对测量仪器也有相应的要求，如数字万用表的内阻不小于 10 MΩ，精度不低于 0.5 级；参比电极流过 CSE 的允许电流密度不大于 5 μA/cm^2，电位漂移不能超过 30 mV。管道自然腐蚀电位评价土壤腐蚀性的关系见表 4-2。

表 4-2　管道自然腐蚀电位与土壤腐蚀性的关系

土壤腐蚀性	强	中	较弱	弱
管道自然腐蚀电位/mV	<−550	−550～−450	−450～−300	>−300

4. 氧化还原电位

氧化还原电位是综合反映土壤氧化还原程度的指标，其数值与土壤细菌的活动有很大关系。氧化还原电位检测可用来检测管道氧化还原电位、土壤温度、土壤电阻率、土壤腐蚀速率等，其检测步骤如下：

第一，将仪器设备的路线接好。

第二，用预孔器在管道上方地表潮湿的土壤中打孔（深 30～50 cm），将多功能土壤探针放入孔中，保证土壤探针与土壤电接触良好。

第三，将氧化还原电极放在土壤探针附件潮湿的土壤上，保证氧化还原电极与土壤电接触良好。

第四,通电检测,读取主机上的各种数据,做好记录。

氧化还原电位与土壤腐蚀性的关系见表 4-3。

表 4-3 氧化还原电位与土壤腐蚀性的关系

腐蚀程度	不腐蚀	低	中等	高
土壤氧化还原电位/mV	>400	200~400	100~200	<100

5. 土壤 pH 值

土壤 pH 值会对土壤腐蚀性强弱造成很大的影响,土壤 pH 值测量可采用电位法(用 pH 计)进行检测,具体步骤如下:

第一,称取风干土样 25 g,放在 50 mL 高型烧杯中,加入 25 mL 去 CO_2 的水在磁力搅拌器上搅动 1 min 或人工剧烈搅动 1~2 min(或人工断续搅拌 20~30 min),使上体充分散开,放置半小时使其澄清,此时应避免空气中有氨或挥发性酸。

第二,首先使用 pH=6.87 标准缓冲溶液对 pH 计进行校准,然后用 pH 计测定 pH 值,每测试 5 个样品后对 pH 计重新进行校准。

6. 土壤质地

土壤质地的测试方法分为两个步骤:第一步,取土壤 5~10 g,加等质量水搓揉,破坏原结构。第二步,根据以下特征对土壤质地进行判断。

砂土:无论加多少水和多大压力,也不能搓成土球,而呈分散状态。

轻壤土:可团成表面不平的小球上,搓成条状时易碎成块。

中壤土:可搓成条,弯曲时有裂纹折断。

重壤土:可搓成 1.5~2 mm 的细土条,在弯曲处发生断裂。

轻黏土:容易揉成细条,弯曲时没有裂纹,压扁时边缘没有裂纹。

黏土:可揉搓成任何形状,弯曲处均无裂纹。

土壤质地与土壤腐蚀性的关系见表 4-4。

表 4-4 土壤质地与土壤腐蚀性的关系

土壤质地	砂土	壤土	黏土
腐蚀程度	强	中	弱

7. 土壤含水量

烘干法是目前国际上测定土壤含水量的标准方法,具体测定步骤如下:

第一,将铝盒烘干,冷却之后,在天平上称至恒重(前后两次称重相差小于 0.01 g),记为 g_0。

第二,取样品 10 g(精确到 0.01 g),均匀地平铺于已知重量的铝盒中并称重,记

为 g_1。

第三，去盖后放入烘箱，盖子放在铝盒的旁边，在 105℃ 温度下烘烤 6 h 左右。

第四，取出后加盖放入干燥器中冷却，一般冷却 20 min 即可至室温。

第五，从干燥器中取出铝盒，称重，精确到 0.01 g，记为 g_2。

第六，再打开盖子烘烤 4 h，冷却，称重以验证是否恒重（前后两次质重差不超过 0.03 g）。

第七，数据处理。以烘干土为基数得土壤含水量百分数计算公式如下：

$$W = \frac{g_1 - g_2}{g_2 - g_0} \times 100\% \tag{4-28}$$

式中，

W——含水量；

g_0——铝盒质量，g；

g_1——铝盒+湿土（或风干）样品质量，g；

g_2——铝盒烘干样品质量，g。

土壤含水量与土壤腐蚀性的关系见表 4-5。

表 4-5　土壤含水量与土壤腐蚀性的关系

腐蚀程度	强	中	较弱	弱
土壤含水量/%	12～25	25～30 或 10～12	30～40 或 7～10	>40 或 ≤7

8. 土壤含盐量

土壤中溶解于水的盐类总量测试常用干渣称重法，具体测试步骤如下：

第一，将待测土壤放在 80～120℃ 的干燥箱中烘烤 2 h 后粉碎，称取土样 100 g，放入 1000 mL 广口塑料瓶中，加入去离子水 500 mL，用橡皮塞塞紧瓶口，在往复式震荡机上震荡 3 min。

第二，将上述水土混合物立即用抽滤管（吸漏斗）过滤，如滤液浑浊，则应重新过滤滤液，直到获得澄清的浸出液。

第三，取 50 mL 滤液放入已知质量（W）的烧杯或蒸发皿中蒸干后，放入 105～110℃ 的干燥箱中烘烤 4 h。

第四，在上述烘干残渣中滴加 15% 的 H_2O_2 溶液，使残渣湿润，放在沸水浴上蒸干，如此反复处理，直至残渣完全变白，再按第三个步骤进行烘干至恒重（W_1）。

第五，数据处理。

$$可溶性盐百分比 = \frac{W_1 - W_0}{W} \times 100\% \tag{4-29}$$

式中，

W_0——烧杯或蒸发皿的质量，g；

W_1——15％的 H_2O_2 处理并烘干后样品的总质量，g；

W——与吸取待测液体积相当的土壤样品质量。吸取 50 mL 相当于 10 g 样品。

土壤含盐量与土壤腐蚀性的关系见表 4-6。

表 4-6 土壤含盐量与土壤腐蚀性的关系

腐蚀程度	强	中	较弱	弱
土壤含盐量/％	>0.75	0.15～0.75	0.05～0.15	≤0.05

9. 土壤氯离子含量

土壤氯离子含量的测试方法步骤如下：

第一，使用分析天平准确称取 20 g 土壤样品于烧杯中，然后加入 100 mL 去离子水，充分搅拌后静置 4 h。

第二，取上层清液过滤后，再对过滤的清液使用 0.22 μm 的滤头过滤，最后装入试样瓶中，留作离子色谱分析。

第三，待离子色谱仪稳定 24 h 后，依次对土壤样品溶液进行测试分析，测试完毕后，记录各氯离子含量。

土壤氯离子含量与土壤腐蚀性的关系见表 4-7。

表 4-7 土壤氯离子含量与土壤腐蚀性的关系

腐蚀程度	强	中	较弱	弱
土壤氯离子含量/％	>0.05	0.01～0.05	0.005～0.01	≤0.005

10. 土壤采集

土壤腐蚀性检测分为现场检测与实验室采样检测两部分。现场检测包含管道沿线土壤电阻率、土壤质地、管地电位和氧化还原电位的检测，实验室采样检测主要进行土壤 pH 值、土壤含水率、土壤含盐量及土壤氯离子含量的测量。实验室检测则需采集现场土壤样品，送回实验室进行处理检测。

土壤样品的采集主要按土壤发生层次采样，即采集土壤剖面样品。样品采集的步骤如下。

（1）根据地形、土质和管道埋设等选择取样的剖面地点。

具体选择要求如下：

第一，地形要相对平坦稳定，也就是要有一个比较稳定的土壤发育条件，使土壤剖面具有代表性。

第二，选择的剖面点不能距管道太近，以免腐蚀产物杂入土壤样品中。一般选择距管道 0.5 m 的点。

（2）挖掘土壤的剖面。

挖掘要求如下：

第一，长方体土坑的尺寸：长 1.5 m，宽 1 m，深 1～2 m。土壤的深度根据具体情况确定，一般要求达到母质层或地下水即可，深度大多为 1～2 m。

第二，长方体较窄的向阳一面作为观察面，挖出的土壤应放在土坑两侧。

（3）采集剖面样品。

采集方法：按发生层次由下层向上层逐层采集分析样品。通常采集各发生土层中部位置的土壤，而不是整个发生层都采。采集的具体要求为：

第一，用非金属小土铲切取土壤（原因：为了减少金属的影响）。

第二，土壤样品采取后立即放入新聚乙烯塑料袋中，同时填好两张土壤标签，一张放在袋内，一张扎在袋上，并做好记录。

11. 土壤腐蚀性综合评价技术

常用的综合评价技术有 ANSI A21.5 法、Bceckman 法及我国国家标准 GB/T 19285—2014 法。若使用前两种方法，则参考 GB/T 19285—2014 法对土壤腐蚀性进行综合评价。

（二）杂散电流检测评价

1. 杂散电流干扰源调查

在实践中，一般将可能产生杂散电流的电路、设备或设施称为干扰源。根据干扰电流的性质主要分为直流电流、交流电流两种，它们是造成埋地管道腐蚀的主要原因且各有不同的特点。直流干扰源有直流电气铁路、电车装置、直流电网、直流电话电缆网络、直流电解装置、电焊机及腐蚀保护装置等，交流干扰源有高压交流电力线路、设施和交流电气化铁路、设施等。干扰源主要分为以下四类。

（1）电气化铁路、电车的干扰。

我国目前的电气化铁路普遍采用的是单相不平衡供电，是由供电的变电所向列车供电网提供电流。列车通过受电弓把电流引入电机中驱动电机旋转，从而带动列车，然后电流通过铁轨传输返回到变电所接地网。因此，铁路干线的信号电流会经过铁路专用线引入油气埋地管道，列车的供电情况和位置及土壤环境都对埋地管线有所影响。其中有三种途径可以给电气化铁路带来杂散电流，具体如下：

①大地电场的影响，即阻性耦合。因为电气化铁路的牵引电流是经铁轨重新流回供电所的，但是枕木对大地不是绝对的绝缘，所以铁轨的电流一部分就会通过枕木进入大地，铁轨附近的埋地管道处于能导电的土壤电解质当中，又由于金属的电阻率远小于土壤的电阻率，因此，埋地管道防腐层破损处电阻率会很小，这里泄漏的杂散电流就以传导的方式把电流传递到了金属管道上，产生阻性耦合的影响。如果土壤的电阻率小，那么通过枕木泄漏到大地的电流就越多，铁轨与枕木的泄漏点与埋地管道距离越小，它受大地电场的影

响就越严重。如果埋地管道、埋地储罐等很靠近或穿越电气化铁路,则其受到大地电场的影响会比较明显。

②静电场的影响,即容性耦合。因为电气化铁路的供电电压是比较高的,所以在电气化铁路的电网周围会存在一个电网为场源的静电场。附近的埋地管道会在这个电场中产生静电感应,使管道上出现感应电流。

③电磁场的影响,即磁性耦合。因为电气化铁路电网上的电流可以达到数百安培,所以会在其周围的环境中产生一个交变电磁场。因为金属在变化磁场中会产生感生电流和感生电压,所以埋地管道就充当了变化磁场中的金属。

(2)邻近高压输电线路的干扰。

高压直流输电线和埋地管道间主要是阻性耦合。在建设初期和维修期间,由于故障等原因,输电线路中的负载电流将全部经由大地传导,导致终端的两个换流站附近会激发较严重的地电位升或地电位降。当有埋地管道经过该区域时,就会在大地电场的影响下,强制吸收电流或放出电流,引起阴极保护过度或欠缺等情况。

高压交流输电线正常运行情况下,高压线路和埋地管道间主要是磁性耦合。高压交流输电线上的电流周期性的变化从而产生了交变磁场,在管道上产生纵向感应电动势,由于长期持续存在这种干扰,因此需要考虑如何防护及避免对管道和维护人员的影响。又由于大地的电屏蔽功能,可忽略埋地管道容性耦合影响。

(3)埋地管道阴极保护产生的干扰。

埋地管道采用阴极保护的方法减缓土壤对管道的腐蚀作用,阴极保护的电源电流从正极出发经过辅助阳极的释放进入到土壤当中,然后经过埋地管道的防腐层破损点进入管道,在破损点的金属发生阴极极化,保护该处的金属,电流最终从管道的汇流点处流出并流回电源的负极。如果阴极保护的电流通过某些点再次回到土壤当中而不是直接回到汇流点,那么这部分泄漏的电流就形成了杂散电流。

(4)电化学腐蚀产生的干扰。

由于埋地金属管道是埋设在土壤中,在防腐层薄弱的地方可能会产生化学腐蚀,电化学腐蚀产生的腐蚀电流会沿着埋地管道流动,在管道的另外一个地方该电流流出。类似于电气化铁路带来的杂散电流,不过此处的电流来源于管道金属在土壤中发生的电化学腐蚀。

2. 杂散电流干扰检测

目前,已有多种杂散电流检测技术,如电流测量技术、土壤电位梯度检测技术、管地电位连续动态监测技术,以及杂散电流检测仪(Stray Curent Mapper,SCM)。其中SCM是目前检测埋地钢质管道杂散电流干扰的功能最齐全、最有效、最便捷的检测仪器之一。

利用SCM进行杂散电流检测的方法步骤如下:

第一，使用管道线路定位仪对要检测管段进行精确定位，测定管道线路地面位置、埋深状况。

第二，将 SCM 感应板放置于检测方案中确定的检测点上，使感应板垂直于管道位于管线的正上方。

第三，将感应板与笔记本电脑串口相连，通过串口设置检测的方式、检测时间、检测文件名等相关参数。

第四，如果需要检测管道的电位的波动情况，则需要使用感应板上的电位测试接口，将管道和硫酸铜参比电极的信号输入感应板中。

第五，如果现场环境情况较复杂，则需要给感应板连接智能探针，并将智能探针直接插入土壤中，且尽可能地靠近管道顶部的中心位置。

第六，完成以上的参数设置及相关连接好后，开始进行检测。

第七，进行不同时段的检测，多时段收集管道杂散电流数据。

第八，数据处理。首先，通过检测测量的数据传入电脑，应用软件 SCM View Log 1 进行相关分析，确定管道中杂散电流的干扰强度和方向，电流的流入点及流出点；然后，通过数据分析得出管道的干扰状况，进一步确定进行杂散电流干扰治理的相关方案。

3. 杂散电流干扰评价

(1) 直流干扰评价。

当电位偏移不小于 20 mV 或土壤表面电位梯度大于 0.5 mV/m 时，则可以确认埋地管道有直流干扰。直流干扰程度的评价指标见表 4-8。

表 4-8 直流干扰程度的评价指标

直流干扰程度评价参量	弱	中	强
管地电位正向偏移/mV	<20	≥20 或 <200	≥200
土壤表面电位梯度/(mV·m^{-1})	<0.5	≥0.5 或 <5.0	≥5.0

当管道任意点上的管地电位较自然腐蚀电位正向偏移不低于 100 mV 或管道附近土壤表面电位梯度大于 2.5 mV/m 时，应采取直流保护或其他防护措施。

(2) 交流干扰评价。

交流干扰程度的评价指标见表 4-9。

表 4-9 交流干扰程度的评价指标

交流干扰程度	弱	中	强
交流电流密度/(A·m^{-2})	<30	30～100	>100

当交流干扰程度判定为"强"时，应采取交流干扰防护措施；判定为"中"时，宜采取交流干扰防护措施；判定为"弱"时，可不采取交流干扰防护措施。

(3) 特殊情况下的干扰评价。

当发现埋地管道有杂散电流干扰,但无法判定是直流还是交流时,采用管地电位波动值或感应电流波动值作为评价指标。特殊情况下干扰程度的评价指标见表 4-10。

表 4-10　特殊情况下干扰程度的评价指标

杂散电流干扰程度	弱	中	强
管地电位波动值/mV	<50	50～350	>350
感应电流波动值/A	<1	1～3	>3

(三) 埋片检测评价

在埋地管道腐蚀防护检测评价中,试片法是非常直观有效的方法。试片法主要是通过在典型土壤和管道周围特殊环境中埋设自然腐蚀片和电流保护片,通过试片在一定时间后的失重和腐蚀状态,对土壤腐蚀性、杂散电流干扰、阴极保护有效性等方面进行综合检验。

1. 试片的埋设

试片的埋设一般优先选择以下位置的测试桩处埋设:强土壤质腐蚀性地段、土壤质地变化大的区域、污染区、高盐碱地带、杂散电流干扰区、管道阴极保护最薄弱的位置、低凹的湿地、站场出口、两座阴极保护站之间的中心位置、外防腐层破损严重的地段、环境变化较大或其他特别关注的地段。试片的埋设周期一般不小于 1 年。

挖掘埋设点时,挖掘土应分层放置,注意不要破坏原有土层次序,回填时应分层踩实,尽量恢复原状。埋设过程应严防试片受到机械损伤,禁止用脚踩等方式将试片踩入或打入土中,并注意保护导线。当试片埋设时,其阔面应平行于管道,且裸露面背对管道埋设,试片中心应与管道中心处于同一标高,试片中心与管壁净距离为 0.1～0.3 m,试片间距应为 0.3 m 左右。试片埋设完后,应在地面做好永久性的标记。

2. 取样处理

按照预定时间和位置取出同一周期的试片,取出时不得影响其他试片。取出后,对试片进行外观拍照、腐蚀产物鉴别、清洗、称重。

清洗时,先用毛刷刷洗,初略地除去试片疏松的腐蚀产物、沉淀物以及编号和安装孔的覆盖层,再用 0.3 L HCl (ρ=1.19 g/mL)、0.7 L H_2O、0.003 L 乌洛托品清除碳酸盐矿物质和以铁、锰、钙、镁、锌等的氧化物为主的腐蚀沉淀物;500 mL HCl (ρ=1.19 g/mL)、3.5 g 六次甲基胺加蒸馏水配成 1000 mL 溶液进行清洗,用 10% 的硫酸、0.5% 的硫脲浸泡 2～8 h,最后用 10% 的柠檬酸胺溶液清洗,在室温条件下,有力地搅拌让溶液或用不含磨料的木制品或橡胶制品摩擦试片,每次不超过 25 min。清洗目的是去除剩余的腐蚀产物和沉淀物。

清洗完毕后，放入无水酒精中浸泡脱水 5 min，取出吹干，放在干燥器皿中 24 h 后，用与测量原始重量时精度相同的天平进行称重记录，精确到 0.1 mg。

3. 数据处理

经过埋设周期后，取出埋设坑中的试片，按照《埋地钢质试片腐蚀速率测试方法》（SY/T 0029—2012）对其清洗、酸洗，并在各步骤中拍照记录，然后逐片称重分析。失重法表示的腐蚀速率按式（4—8）计算。

$$v = \frac{M_0 - M_1}{S_0 t} \quad (4-30)$$

式中，

M_0——腐蚀试验前试片的原始质量，g；

M_1——腐蚀试验后，去除腐蚀产物且酸洗后的试片质量，g；

S_0——试片的裸露面积，cm²；

t——腐蚀试验的时间，a。

阴极保护度可按照式（4—9）进行计算，数值结果大于 85% 为合格。

$$阴极保护度 = \left[\frac{G_1/S_1 - G_2/S_2}{G_1/S_1}\right] \times 100\% \quad (4-31)$$

式中，

G_1——未施加阴极保护试片失去的质重，g；

S_1——未施加阴极保护试片的裸露面积，cm²；

G_2——施加阴极保护试片失去的质重，g；

S_2——施加阴极保护试片的裸露面积，cm²。

二、埋地管道外防腐层检测评价

（一）外防腐层不开挖检测评价

外防腐层不开挖检测评价可采用外防腐层电阻率（R_g）、电流衰减率（Y）及破损点密度（P）等指标进行分析，由于 Y 的分级评价与管径密切相关，且现场测得的外防腐层 Y 值可通过软件计算转化为 R_g 值，为了现场评价方便快捷，故这里采用 R_g 和 P 对埋地管道进行不开挖检测评价。埋地管道外防腐层需要每年进行定期检测，在进行外防腐层检测时，需及时处理漏点，并做好外防腐层检测修补记录。三层 PE 防腐层，每 5 年完成一次全线防腐层检测，每年检测长度不少于全线长度的 1/5。其他类型的防腐层，每 3 年完成一次全线防腐层检测，每年检测长度不少于全线长度的 1/3。5 年内的外检测结果可作为外防腐层日常检测、修补依据。在防腐层不开挖现场检测中，常采用 PCM 检测方法对管道进行不开挖检测。

在我国，沥青防腐层、硬质聚氨酯泡沫防腐层、三层 PE 防腐层和环氧粉末防腐层得到大范围使用，但环氧粉末防腐层分级评价标准仍有待完善。

（二）外防腐层开挖检测评价

覆盖层开挖检测是评价覆盖层质量状况的最直接、最准确的检测方法。《埋地钢质管道腐蚀防护工程检验》(GB/T 19285—2014) 明确指出，在开挖检测中需进行外防腐层的外观检测、漏点检测、防腐层厚度检测和黏结力检测，具体检测方法可参照相应防腐层技术标准进行。

根据管道不开挖检测的结果，结合腐蚀防护系统质量等级确定开挖点数量。开挖点数量确定原则如下：每条管道至少开挖 1 处进行直接检测；腐蚀防护系统质量等级为 2 级，开挖点数量按 0.1 处/千米考虑；腐蚀防护系统质量等级为 3 级，开挖点数量按 0.8 处/千米考虑；腐蚀防护系统质量等级为 4 级，开挖点数量按 1.5 处/千米考虑。

开挖点位置选择结合宏观检验和腐蚀防护系统检验结果，在开挖点数量一定的情况下，合理布置探坑位置，开挖点位置优先选择原则如下：检测过程中发现的焊口质量较差、防腐层有缺陷、曾发生泄漏抢险事故（发生过泄漏或第三方破坏的管段）或位于高风险地段的管段，存在弯头（管道线路变向点）、变坡点、三通等管件的管段，管道埋设于地势低洼处、杂散电流干扰较强、环境腐蚀性较强地段的管段，阀井、管桥两侧的裸露管段，入土点和出土点管段，河滩地、山顶和山脚处管段，确定为高后果区的管段，防腐层地面检测中确定的老化较严重的管段和防腐层破损漏电点，管道地面检测中应力集中位置，人口相对稠密段。

防腐层的外观检测有时也同外防腐层结构检测一起进行，主要通过开挖直接观察得出。防腐层老化性能分级评价见表 4-11。

表 4-11 防腐层老化性能分级评价

防腐层级别	1	2	3	4
三层 PE 和沥青	色泽明亮，黏结力强、无脆化、无龟裂、无剥离；无破损	色泽略暗，黏结力较强，轻度脆化，少见龟裂，无剥离；极少破损	色泽暗，黏结力差，发脆化，显见龟裂，轻度剥离或充水；有破损	黏结力极差，明显脆化或龟裂，严重剥离或充水；多处破损
环氧粉末	平整、色泽均匀明亮、无气泡、无开裂及缩孔，无桔皮状花纹；无破损	平整、色泽均匀，少见气泡、少见开裂及缩孔，有轻度桔皮状花纹；极少破损	表面不平整，显见气泡，有开裂及缩孔，桔皮状花纹；有破损	表面极不平整，防腐层大量粉化脱落，严重开裂、缩孔；多处破损

防腐层厚度采用涂层测厚仪进行测量，每个调查点应测上、下、左、右 4 个点，以最

薄点为准。

当防腐层实测厚度低于50%设计厚度时，外防腐层直接判为4级。

对防腐层进行黏结力检测时，在管道圆周上取3个点进行检查，按"无变化""减少"和"剥离"3种情况记录。

在外防腐层状况分级评价时，要综合考虑不开挖检验和开挖检验结果，并根据开挖结果，对不开挖检测评价结果进行修正，然后进行外防腐层状况分级评价。

三、埋地管道腐蚀防护系统运行检测评价

为保证埋地管道腐蚀防护系统的有效性，需对其运行情况和保护效果进行定期检测和评价，并做好记录和报告。运行检查主要包括阴极保护有效性检测和排流保护有效性检测。

（一）阴极保护有效性检测评价

阴极保护性能检测可采用密间隔电位检测方法。CIPS方法是国外评价阴极保护系统有效性和防腐层技术状况首选的标准方法之一。CIPS的具体方法是：数据采集器一端与参比电极相连，另一端则与测试桩相连。将参比电极沿管道移动，由计算机控制的数据采集器通过参比电极每隔一定距离连续采集并存储管地电位数据，数据经过处理后，经绘图软件绘成管道沿线的管地电位分布曲线。阴极保护有效性评价的测试参数、测试周期及合格判据见表4-12。

表4-12 阴极保护有效性评价

测试对象	测试参数	推荐周期	合格判据	备注
牺牲阳极保护系统	保护电位	每半年一次	符合保护电位评价	—
	保护率	每半年一次	计算值应为100%	—
	保护度	—	计算值应大于或等于85%	有检查片时才测试
强制电流保护系统	电源设备电流、电压	自动采集或每天记录	不应有较大波动	—
	阴极通电点电位		略小于管道最大保护电位（绝对值）	
	保护电位	每月一次	符合保护电位评价	
	运行率	每月一次	计算值应大于或等于98%	
	保护度		计算值应大于或等于85%	有检查片时才测试
	辅助阳极地床接地电阻	—	不应逐月或突然大幅上升	—
		每月一次		

运行率≥98%才算合格，计算公式如下：

$$运行率 = \left[\frac{1年内有效运行时间}{全年小时数}\right] \times 100\% \quad (4-32)$$

保护率≥100%才合格，计算公式如下：

$$保护率 = \left[\frac{管道总长 - 未达到有效保护管道长}{管道总长}\right] \times 100\% \quad (4-33)$$

保护度的检测需要有检测片，其计算公式如下：

$$保护度 = \left[\frac{\frac{G_1}{S_1} - \frac{G_2}{S_2}}{\frac{G_1}{S_1}}\right] \times 100\% \quad (4-34)$$

式中，

G_1——未施加阴极保护检查片的失重（精度 0.1 mg），g；

S_1——未施加阴极保护检查片的裸露面积（精度 0.01 cm²），cm²；

G_2——施加阴极保护检查片的失重（精度 0.1 mg），g；

S_2——施加阴极保护检查片的裸露面积（精度 0.01 cm²），cm²。

一般情况下，阴极保护电位应满足：在阴极保护状态下，测得的管地电位至少达到 -0.85 V，但不能小于 -1.2 V，测试值不包括 IR 降。

特殊情况下，阴极保护电位应满足以下几个条件：

（1）对于高强度钢（最小屈服强度大于 550 MPa），阴极保护电位极限应大于实际析氢电位。

（2）对于防腐层状况为 4 级或裸管，在阴极极化和去极化时，被保护管道表面与土壤接触、稳定的参比电极之间的阴极极化电位差应不小于 100 mV。

（3）当土壤中含有 SRB 且硫酸根质量分数大于 0.5% 时，测得的管地电位至少达到 -0.95 V。当土壤电阻率大于 500 Ω·m 时，测得的电位至少达到 -0.75 V。

（4）对于存在杂散电流干扰的管道，可通过腐蚀危害检测、检查片腐蚀速率测试和均匀腐蚀速率或局部腐蚀速率现场测试等方法，来评判阴极保护的有效性。

（二）排流保护有效性检测评价

当埋地管道上任意一点的管地电位较自然腐蚀电位正向偏移大于等于 100 mV 时，应采取直流排流保护；当埋地管道交流电流密度大于 100 A/m² 时，应采取交流排流保护。因此，排流保护效果的检测评价也分为交流排流保护和直流排流保护两种情况。

1. 直流排流保护

一般情况下，直流排流保护应达到以下要求：

（1）对于排流保护系统中的埋地管道，其任意点上的管地电位达到阴极保护电位标准或达到或接近未受干扰时的状态。

（2）对于排流保护系统的埋地管道，管地电位最大负值尽可能不超过管道所允许的最大保护电位。

（3）对排流保护系统以外的埋地管道或金属构筑物的干扰尽可能小。

直流排流保护效果评价见表4-13。具体检测方法可参照相应标准进行。

表4-13 直流排流保护效果评价

排流方式	干扰时管地电位/V	电位平均值比 η_v/%
直接向干扰排流（直接、极性、强制排流）	>10	>95
	5~10	>90
	<5	>85
间接向干扰排流（接地排流）	>10	>90
	5~10	>85
	<5	>80

电位平均值比按式（4-35）计算。

$$\eta_v = \frac{V_1(+) - V_2(+)}{V_1(+)} \times 100\% \quad (4-35)$$

式中，

$V_1(+)$——排流前，在规定时间段内的正管地电位算术平均值，V。

$V_2(+)$——排流后，在规定时间段内的正管地电位算术平均值，V。

2．交流排流保护

交流排流保护效果评价见表4-14的要求。具体检测方法可参照相应标准进行。

表4-14 交流排流保护效果评价

周围土壤电阻率/（Ω·m）	保护效果要求
≤25	管道交流干扰电压低于4 V
>25	交流电流密度小于60 A/m²

四、埋地管道腐蚀防护系统综合评价方法

目前，土壤腐蚀性、防腐层状况、杂散电流干扰、阴极保护有效性和排流保护效果的检测评价是基本分开的，但实际埋地管道的腐蚀防护与土壤腐蚀性、防腐层状况、杂散电流干扰、阴极保护有效性和排流保护效果是密不可分的，因此建立一套完整的、系统的埋地管道腐蚀防护综合评价模型，并在现场应用与验证是很有必要的。埋地管道综合评价应根据防腐层状况、腐蚀环境、杂散电流干扰、阴极保护有效性、排流保护效果的检验评价结果进行。

(一) 综合评价方法研究

1. 综合指标体系的分类与建立

任何单因素指标都不能准确、全面地反映出管道的腐蚀危险性，但作为综合指标体系因子却具有重要价值。在建立综合评价指标体系时，需全面、客观、科学地考虑各种影响因素，不能漏掉核心因素，以免不能准确、真实地反映实际情况，但也不能把所有因素都纳入综合指标体系中来，使指标体系过大，干扰重要指标的评判。通过综合分析，结合腐蚀过程的系统效应提出运用管道的腐蚀与防护态势进行综合评价指标的选取，从而提高管道腐蚀与防护的针对性，以及决策的科学性和准确性。

（1）综合评价指标的选取。

外腐蚀态势是环境对管道造成的腐蚀和损坏程度。防护态势是指管道采取的防腐措施的保护程度和有效性。它们都是由各自的因素构成的，选取时除应考虑科学性、全面性、层次性、相对性、独立性原则外，还应注意以下原则：腐蚀态势和防护态势的主要核心因素；现有的技术和手段下可测得的，能予以分级并可以定量表达的，具有可操作性的原则。综合指标体系设计和综合评价流程如图 4-12 所示。

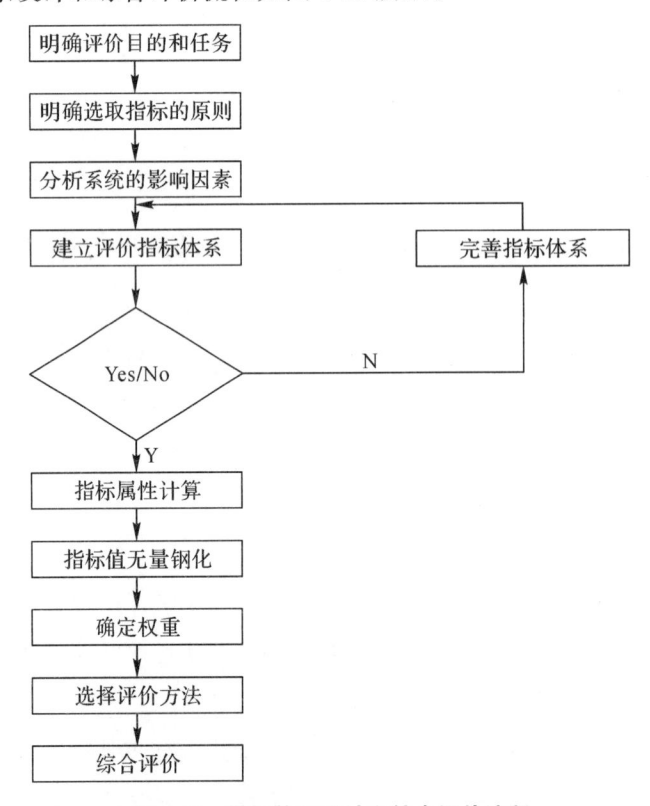

图 4-12 指标体系设计和综合评价流程

（2）综合指标体系的建立。

结合腐蚀态势和防护态势及选取评价指标的原则，将外腐蚀态势的环境腐蚀因素一级指标分为两个二级指标，土壤腐蚀性（土壤腐蚀速率等级）和杂散电流腐蚀。对于大气腐蚀，由于管道基本都埋于地下，只有极少数在河流或沟壑等跨域处暴露在大气环境下，因此大气腐蚀不作为环境腐蚀的主要因素来考虑。防护态势一级指标分为阴极保护技术状况和防腐层保护状况，两个二级指标。

在外腐蚀态势的土壤腐蚀性的二级指标中，由于土壤的腐蚀性是由土壤腐蚀速率等级来衡量的，因此将土壤腐蚀速率作为定量标准，其影响的因素主要有土壤电阻率、含水量、pH 值、Cl^-、SO_4^{2-} 等因素，作为第三级指标；对于杂散电流的二级指标，可根据现有技术的测量手段和实际管道的地理环境，相适应的选择土壤电位梯度（mV/m），或者管地电位的正向偏移量（mV）来作为定量标准。在防护态势的阴极保护技术状况二级指标中，结合现有的技术和测量手段以及实际管道的地理环境，可选用阴极保护系统的保护效率，其中，阴极保护的运行率和保护度作为参考依据，或阴极保护效率和断电情况下的管地保护电位作为三级指标；对于外防腐层保护状况二级指标，根据实际管道的地理环境和现有技术的测量手段，可选用非开挖分析评价指标中的任意一项，包括绝对电阻率、电流衰减率、IR 降、破损点密度等。开挖评价指标可作为对非开挖分析评价指标的验证，可选用防腐层厚度、耐击穿电压、表面状况。管道外腐蚀防护系统综合评价指标体系如图 4-13 所示。

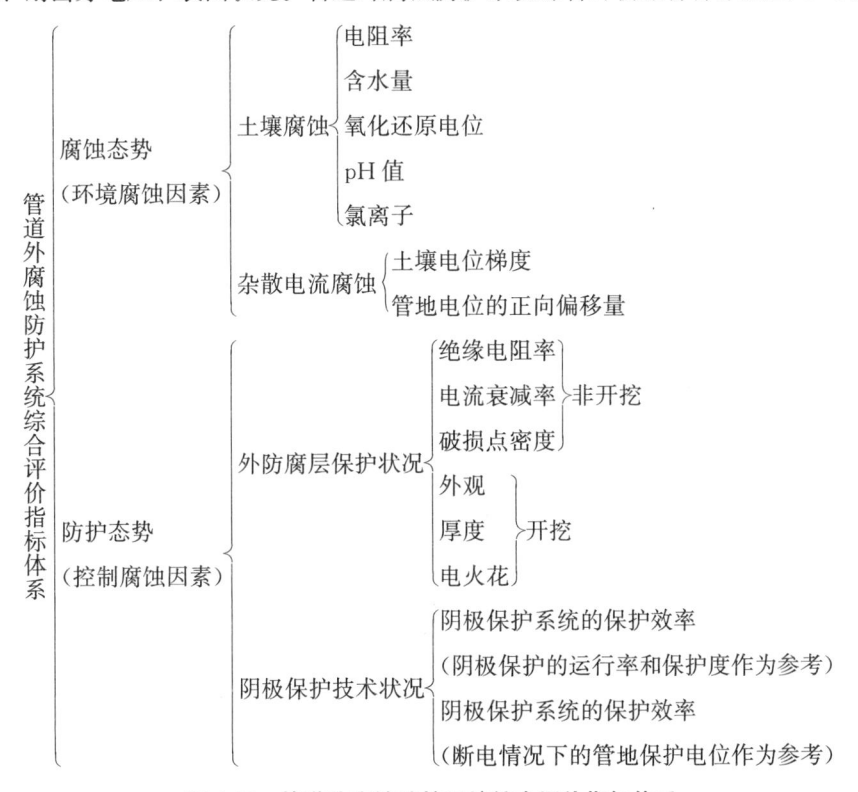

图 4-13 管道外腐蚀防护系统综合评价指标体系

（3）综合评价指标的分级标准。

为了对管道外腐蚀态势和防护态势进行定量分级，以（Pipeline External Corrosion

Direct Assessment Methodology）（NACE SP 0502—2010）（《管道风险评价手册》）和现场数据、相关参考文献以及分级安全性评价研究，综合归纳得出：一、二、三级指标因素的分级标准，土壤腐蚀速率的分级标准；防腐层保护状况三级分级标准；阴极保护技术状况的三级分级标准中有效性保护，并以阴极保护的运行率和保护度作为参考或断电情况下的管地保护电位作为参考。

2. 常用综合评价方法

埋地管道腐蚀防护常用的综合评价方法主要有专家评分法、主分量分析法、人工神经网络分析法和模糊综合评价法。

（1）专家评分法。

专家评分法是一种定性描述定量化方法。该方法先根据评价对象的具体要求选定若干个评价项目，再根据评价项目制定出评价标准，聘请若干代表性专家凭借个人经验按此评价标准给出各项目的评价分值，然后对其进行结集，具有简便、直观、计算简单等优点。

专家评分法在埋地管道腐蚀防护综合评价中具有一定实用性，但专家在评判分值上具有很强的主观性，同时评价等级和评价标准的制定也对评价的真实结果有很大影响。

（2）主分量分析法。

主分量分析法也称主成分分析法，旨在利用降维的思想，把多指标转化为少数几个综合指标，在食品、物理、数学、化学等领域运用广泛。

在统计学中，主成分分析（Principal Components Analysis，PCA）是一种简化数据集的技术。PCA实质上是一个线性变换。这个变换把数据变换到一个新的坐标系统中，使得任何数据投影的第一大方差在第一个坐标（称为第一主成分）上，第二大方差在第二个坐标（第二主成分）上，以此类推。主成分分析经常用来减少数据集的维数，同时保持数据集对方差贡献最大的特征。

（3）人工神经网络分析法。

人工神经网络是20世纪80年代新崛起的一种智能工具，它在结构上是由大量的结构非常简单的神经元按照一定规则连接而成的复杂网络系统。利用人工神经网络解题时不需做出任何关于数据的假设，而是通过网络对典型事例的学习，形成一个存储有大量信息的稳定的系统。总体来说，神经网络与传统的数值计算相比具有大规模信息处理、分布式联想、自学习及自组织的特点，作为一个高度的非线形动力学系统具有很强的容错功能，在求解问题时对实际问题的结构没有要求且不必对变量之间的关系做出任何假设。除非问题非常简单，事实上，训练一个人工神经网络可能需要相当长的时间才能完成，而且建立一个人工神经网络需要的数据量也很大。

人工神经网络的上述特点对于埋地管道腐蚀防护这个具有模糊性、随机性和不确定性的问题提供了一条良好的解决途径。

(4) 模糊综合评价法。

模糊综合评价法是一种基于模糊数学的综合评标方法。该综合评价法根据模糊数学的隶属度理论，把定性评价转化为定量评价，即用模糊数学对受到多种因素制约的事物或对象做出一个总体的评价。它具有结果清晰、系统性强的特点，能较好地解决模糊的、难以量化的问题，适合各种非确定性问题的解决。

埋地管道腐蚀防护的各评价参数分级界线都是确定的，在进行常规评价时往往会漏失一些有用信息，有时甚至会导致错误的结论。为此，基于模糊数学理论提出了评价埋地管道腐蚀防护系统的模糊综合评价方法。该方法结合贴近度的概念，既考虑了埋地管道腐蚀防护各因素本身的模糊性，又考虑了各因素间的不相容性。

（二）指标权重研究

在进行埋地管道腐蚀防护综合评价时，由于涉及的指标众多，且各指标对管道的腐蚀影响各不相同，因此对各指标的权重研究尤为重要。确定权重的方法可分为主观赋权法和客观赋权法。

1. 主观赋权法

主观赋权法是基于决策者的知识或偏好，按照重要性程度对各指标进行比较、赋值和计算得出其权重的方法。常用的主观赋权法有专家评分法、层次分析法、偏好比率法等。一般来说，运用主观赋权法确定的指标权重具有如下特征：具有主观性，体现了决策者的工作经验和对指标的偏好程度；评价过程的透明度、再现性差；指标权重具有一定的可继承性；计算简单。

（1）专家评分法。

由专家依据指标的重要程度直接给出其权重。此方法直接简单，但有时存在一定的困难，尤其是目标较多时很难做到客观、合理，而且也不容易保证判断思维过程的一致性。

表 4-15 埋地管道腐蚀防护综合评价指标

一级指标	二级指标
土壤腐蚀性	土壤电阻率
	氧化还原电位
	自然腐蚀电位
	土壤 pH 值
	土壤质地
	土壤含水量
	土壤含盐量
	土壤 Cl^- 含量

续表

一级指标	二级指标
外防腐层	绝缘电阻率
	破损点密度
	防腐层厚度
	防腐层黏结力
	防腐层外观
阴极保护有效性	保护电位
	保护率
	运行率
	保护度
杂散电流干扰	管地电位正向偏移量
	土壤表面电位梯度
	交流电流密度
	管地电位波动值
	感应电流波动值
排流保护效果	电位平均值比
	交流干扰电压
	排流后交流电流密度

(2) 层次分析法。

层次分析法是在多属性决策中，由决策者对所有评价指标进行两两比较，得到判断矩阵 $B=(b_{ij})_{m\times n}$，其中 b_{ij} 为评价指标 Y_i 与 Y_j 比较而得到的数值。当 b_{ij} 取值为 1~9 之间的奇数时，分别表示指标两两比较同等重要、稍微重要、明显重要、强烈重要、极端重要；当 b_{ij} 取值为 1~9 之间的偶数时，分别表示指标两两比较的重要性程度介于两个相邻奇数所表示的重要性程度之间，且 $b_{ij}=1/b_{ji}$，然后规范化，给出的判断矩阵应满足一致性的要求。最后，利用矩阵的特征根方程计算 B 的最大特征根 $\lambda_{\max}$，$\lambda_{\max}$ 特征向量即为各指标的权重值。

需要指出的是，决策者可参照以上方法，给出指标两两比较的重要性等级，不仅可靠性强，而且误差小；但当评价指标较多（≥9）时，则容易产生判断模糊。

(3) 偏好比率法。

该方法与传统的层次分析法不同，它重新定义了两个指标间的偏好比率，见表 4-16。

表 4-16 偏好比率法的比率标度

指标 Y_i 比 Y_j 的相对偏好	比率标度
Y_i 很强	5

续表

指标 Y_i 比 Y_j 的相对偏好	比率标度
中间程度 1	4.5
Y_i 强	4
中间程度 2	3.5
Y_i 较强	3
中间程度 3	2.5
Y_i 稍强	2
中间程度 4	1.5
Y_i 与 Y_j 同等重要	1
Y_j 比 Y_i 时	相对应得倒数

在这种比率标度下，如果一个指标对评价结果的边际贡献率比另一个指标大一倍，那么该指标的重要性程度比另一指标稍强，这种判断比较是符合实际的，基于这种比率标度，不失一般性，假设对各指标的重要性比较有排序 $Y_1 \geqslant Y_2 \geqslant \cdots \geqslant Y_n$，令 b_{ij} 为评价者对 Y_i 与 Y_j 进行比较的比率标度值，可以建立如下模型来求出各指标的重要性权重。

$$\begin{cases} b_{11}w_1 + b_{12}w_2 + b_{13}w_3 + \cdots + b_{1n}w_n = nw_1 \\ b_{22}w_2 + b_{23}w_3 + \cdots + b_{2n}w_n = (n-1)w_2 \\ \quad \vdots \\ b_{n-1,n-1}w_{n-1} + b_{n-1}w_n = 2w_{n-1} \\ w_1 + w_2 + \cdots + w_n = 1 \end{cases} \quad (4-36)$$

式中，$0 \leqslant w_j \leqslant 1$，$j=1, 2, 3, \cdots, n$。解得 $w_1, w_2, \cdots, w_n$ 即为所求的权重。

该方法评价过程透明，可靠性强，但计算十分复杂。

2. 客观赋权法

客观赋权法是基于各方案评价指标值的客观数据的差异而确定各指标权重的方法。常用的客观赋权法有主成分分析法、"拉开档次"法、熵技术法、离差最大化法、均方差法和多目标规划法等，运用客观赋权法确定的指标权重具有如下特征：不依赖于决策者的主观态度，突出了被评价对象在评价指标间的差异性；评价过程的透明度、再现性强；指标权重不具有可继承性，在不同阶段中，若评价指标值变化，则各指标的权重将会改变；计算一般依赖于比较完善的数学理论尤其是最优化理论方面的知识，计算过程复杂。

由于客观赋权法中常用的方法都是基于方案中对比评价而确定权重的一种方法，而本书是对埋地管道腐蚀防护系统的各指标进行权重赋值评价，因此主观赋权法中的常用方法对本书的参考价值极小，这里不做过多研究。

第五章　海底管道防腐检测技术与防腐状态评估

管道大多处于复杂的环境中，所输送的介质也多具有腐蚀性，因而管道内壁和外壁都可能遭到腐蚀。一旦管道被腐蚀穿孔，将会造成油气漏失，不仅使能源运输中断，而且会污染环境，甚至可能引起火灾，威胁人类生命安全。因此，管道防护可通过防腐、防漏及防冻等方式延长管道寿命。本章主要通过改进和创新管道防腐检测技术，对管道内外壁防腐层进行检测评估，掌握管道防腐层的实际状态，可以提高检测的准确性和可实施性。尤其是对穿越大江大河等重要管段和管道内壁防腐涂层检测，为后期对管道防腐层保护效果不达标地点，进行增强电化学防腐措施提供基础支持。

第一节　海底管道腐蚀防护基本概述

一、海底管道腐蚀防护检测

如前所述，由于海底环境较为恶劣，再加上因温度、溶氧量、海水流速、pH 值、海水盐浓度、海洋生物等因素的影响，海底管道非常容易出现安全风险问题，因此一旦发生安全事故，其后果的严重性将高于陆地管道，且造成的环境污染问题也十分难以解决。此外，腐蚀问题也会使管道的使用寿命大大降低。

在海底管道出现失效问题时，最直接的后果就是会产生一定的经济损失和环境污染，但是，由于海底管道的失效问题受到多种因素的影响，海底管道出现失效的条件存在差别，因此其产生的后果也将不同。如果海底管道出现原油泄漏问题，发生火灾爆炸事故的可能性也相对较大，甚至会出现一定的人员伤亡，同时，大量原油泄漏将会对海洋水质产生严重的影响，对生态环境的影响巨大。另外，泄漏原油会对管道运营公司产生巨大的经济损失；而且管道公司有义务对海面上的原油进行回收，并对海洋环境进行治理，这个过程所产生的经济费用也相对较大。

海底管道的腐蚀泄漏问题引发的后果主要分为两类：短期危险和长期危险。短期危险主要是出现腐蚀泄漏问题短时间内产生的风险后果，一般情况下，短期危险较为严重，造成人员伤亡问题的速度相对较快，容易产生火灾爆炸等事故，出现该种危险问题时，必须根据管道公司的预案，迅速采取措施解决问题；长期危险主要是指出现腐蚀泄漏问题后产生的长时间后果，这些问题如果无法及时解决，将会产生持续性的危害，同时，随着危险问题持续时间的延长所产生的后果将更加严重。

与埋地管道相比，海洋环境较为复杂，在不同腐蚀环境下，海底沉积物中钢的腐蚀速率差异很大，海底沉积物的腐蚀性是由腐蚀因子决定的。一般是通过测量该海域海底沉积物的单一或多个腐蚀因素来预测或确定某一海域海底沉积物的腐蚀性，而不是直接测量该海域海底沉积物中金属的腐蚀速率。

海底管道随着运行时间的延长和海底环境的变化，其性能和安全性都会逐渐退化，这种退化程度不是等量增长的，而是随着服役时间的增长在不断的加剧，其性能退化曲线如图 5-1 所示。

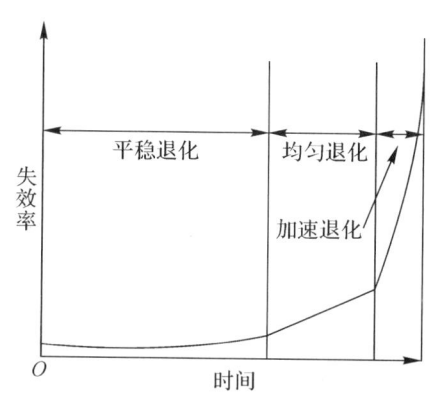

图 5-1 海底管道性能退化曲线

海底油气管道从最初投入使用到最后退化报废失效大致可以分成三个不同的阶段。在退化曲线中，各阶段斜率为该阶段的失效率，由图 5-1 可以看出，第一阶段的退化曲线较为平缓，几乎是一条水平直线，此时海底管道的失效率随时间变化基本为固定值，这表示海底管道此阶段的性能指标相对平稳，此时的海底管道可以正常的运输介质，属于平稳运输期，故此阶段为平稳退化阶段；随着时间的延长，第二阶段的退化曲线开始均匀上升，此时海底管道的失效率随着时间的变化线性增加，其性能指标均匀的发生变化，此刻的海底管道在运输介质的同时正缓慢的出现一些安全问题，出现运输风险，故此阶段为均匀退化阶段；在第三阶段，退化曲线急速上升，此段曲线斜率呈指数级递增，失效率陡然升高，其性能指标急速恶化，此刻的海底管道已经无法安稳的输送介质，随时会出现穿管、断管等安全事故，对经济和环境产生危害，故此阶段为加速退化阶段。

海底管道的检测主要包括海底管道腐蚀状态、管道腐蚀速率、管道腐蚀防护状态等，结合涡流检测技术、超声导波检测、浅海及深海外检测等技术。应用海底管道检测技术可不断强化海底管道完整性管理及海上油气勘探开发的整体安全措施。

二、海底管道腐蚀防护检测技术

根据海底管道的腐蚀方式可以将腐蚀检测分为管内检测与管外检测，检测特点也是由其所处的位置决定，通常管道位于海床以下，且大多数位于管沟之中，导致对其进行检查时难度比较大。由于受环境限制不能随时进行腐蚀检测，且检测时还需要借助专业的仪器装备和船舶等，因此检测成本也比较高。根据这些特点，只有采取科学合理的检测技术才能确保检测效果，降低管道运输的风险。在具体检测过程中，对海底管道的外部环境状况以及管道在海底自身的状况进行检测，包括管道处水深、管道路由埋深、管道的走向、管道周围的冲蚀情况、管道裸露状况、管道悬跨及穿越情况、管道处土壤腐蚀状况、管道外壁防腐涂层破损状况、管道外壁变形及损伤情况的检测。

海底管道的管内检测常用技术主要有涡流检测、超声波检测和漏磁检测，根据不同检测技术做出相应的具体分析。前文的埋地管道的管内检测中已对超声波检测和漏磁检测进行了介绍，而且对海底管道的管内进行检测时应用方式大同小异，因此这里不赘述。

（一）管内检测技术

涡流检测技术无论是对输送液体还是输送气体的管道都比较适用。其工作方式是先将比较微弱的电流输入涡流式检测器的初级线圈中，此时海底管道上会产生电磁感应，形成相应的涡流，再通过次级线圈展开相应的检测工作，涡流检测技术原理如图 5-2 所示。如果管壁上存在问题，初级线圈上的磁通量就会出现异常，此时的磁力线也会随之出现改变，那么就会引起次级线圈的磁通量的失衡，最终形成相应的电压。如果管壁一切正常，那么这两侧之间的磁通量将会达到平衡状态，不会形成电压。因此，在判断管道腐蚀状况时，可以通过监测管壁电压的变化情况进行分析。

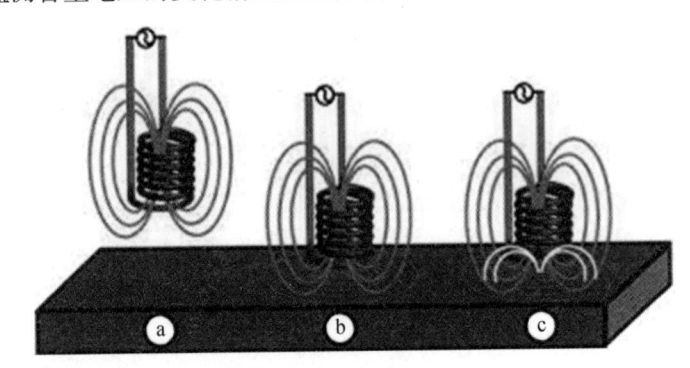

图 5-2 涡流检测技术原理

该技术虽然具有一定的检测效果，但受技术本身的影响，在使用时有很多局限。通常，该技术在陆地的管道中使用比较广泛，而对海底管道的检测目前还没能实现全面覆盖。又因为其在进行数据采集过程中，信号的分辨率比较差且在传输过程中的速率也不能满足使用要求。与此同时，相关的检测工艺流程还存在一些不足，没有相应的规范和标准进行统一。涡流检测技术所能检测的产品规格的范围比较小，不能实现各种类型管道的检测。此外，海底工作的难度比较大，海底管道检测时的相关设施并不能全面满足海底作业。

超声波检测和漏磁检测则可以应用于埋地管道检测和海底管道检测。其中，超声波检测技术主要是通过发射超声波，再根据其内外反射的时间差检测管道的变形情况、腐蚀情况及判断管壁是否出现变薄的现象等。超声检测技术是对缺陷进行直接测量和量化精确，但常规超声检测，不论是测厚检测还是裂纹检测，一般只能用于液体管道，对于气体管道需要使用段塞法，或者改用电磁超声检测器。漏磁检测技术主要通过漏磁通原理对管道进行检测，判断其是否出现腐蚀或损坏，通常用于检测管道的体积型缺陷。不论管道输送的油还是气，都能使用该技术进行检测，而且在进行检测过程中，对于管壁与传感器中的耦合介质没有要求。该技术在我国运用得比较多，其中中国海洋石油集团有限公司就对漏磁检测技术展开了验证，通过将该检测技术运用到管壁变薄的管道检测中，得出来的结论与真实情况相吻合。

(二) 浅海外检测技术

该海域水深一般不会超过 200 m。由于管道所处环境相对较好，以及相关的检测技术不够成熟，在早期的检测过程中，通常由专门的潜水人员配合相应的检测仪器进行检测。

一般情况下，潜水员可以在水下 50 m 左右处进行检测。检测的项目包括管道外壁的生物附着情况、管道的沉积情况、牺牲阳极的安装可靠情况等。在浅海外检测中，潜水员检测的方法一直延续至今，并取得了不错的效果。据统计，我国最近几年中就有过多次潜水员检测发现的管道破坏问题，成功避免了事故的发生。但受到海洋环境的影响及作业强度大、危险性高等因素的影响，使其使用受到了较大的局限。

(三) 深海外检测技术

该海域一般水深在 200 m 以上，在进行外检测时，需要借助潜水器来实现，如水下机器人、拖拽式水下机器人、自主式水下机器人等。该技术最早是在墨西哥湾的海底管道检测中得到运用的，随着技术的发展，遥控潜水器开始进入人们的视野。在潜水器上安装相应的检测设备及光学仪器展开管道外检测工作。通过遥控操作设备上的机械装置，对管道进行检测，并将所检测的数据信息传递到计算机还加以分析，从而完成磁粉检测、目视检测、射线检测和超声波检测等相关检测。

深海海底管道由于其所处环境较为恶劣，其腐蚀现象相对于陆地管道来说更为严重。因此，必须发展相应的腐蚀检测技术，针对管道内壁和管道外壁采取科学合理的检测方法，才能保障管道问题能够及时被发现，确保油气运输和环境的安全，保障国家和石油企业利益。

海底管道外部检测需要通过潜水员和水下机器人（Remotely Operated Vehicle，ROV）来实现，而潜水员检测往往受到海水深度的制约，对于深水处的海底管道，这种方法实施难度很大，并且检测效率比较低。通常情况下，海底的能见度不是很好，会大大降低检测时的质量和效率。

1. 水下机器人

水下机器人可用于检测海底管线系统和下部飞溅区。ROV 的工作水深要比潜水员的深,而且能应付比较恶劣的海底环境。根据检测和监控要求,水下机器人可配备各种设备,典型的有可视化控制设备、声纳、定位系统环境传感器、测量腐蚀保护系统、管道的位置和埋藏深度的测量设备、机械臂等。ROV 的机动性给同时利用摄像机、管道跟踪器和多波束回声测深仪提供可能。由于海水浑浊造成能见度差,受强大的电流或大量的鱼类等因素的影响,因此水下机器人检测的质量会大大降低。

上海交通大学是我国较早进行 ROV 研制的科研单位,研发的"3500 m 深海观测和取样型 ROV 系统"性能优异。

2. 拖拽式水下机器人

拖拽式水下机器人(Remotely Operated Towed Vehicle,ROTV)通常是被一艘速度约为 2 m/s 的调查船在后面拖着,所以 ROTV 要比一般的 ROV 检测速度更快一些,但不能停留并在一个特定的区域内进行详细调查。ROTV 可以检测管道整体的铺设状况、第三方破坏情况和管道自由悬跨情况。虽然 ROTV 要比一般的 ROV 使用寿命更长,但它只能够携带旁侧声纳和多波束回声测深仪。

3. 自主式水下机器人

自主式水下机器人(Autonomous Underwater Vehicle,AUV)是对于调查船无固定电缆和不具有任何远程控制功能的机器人。它从船舶上发射和回收,并执行一个预先定义的路线。与 ROTV 一样,自主式水下机器人不能停留并在一个特定的区域进行详细调查。自主式水下机器人可以携带多波束测深、侧扫声纳等调查工具。

第二节 海底管道腐蚀防护检测技术与状态评估

一、海底管道腐蚀防护状态检测技术

采用牺牲阳极保护的海底管道(包括处于海水介质和海泥介质中),牺牲阳极和海底管道会形成原电池,并在导电介质中形成电连通回路,且在海底管道附近产生电流和电场分布,而电场分布的特性及其电位梯度会随管道表面的腐蚀程度而产生变化。因此,通过对海底管道周围环境电场特性的检测和研究,可以间接得知当前管道的腐蚀防护状态。

(一)远地参比电极电位差测量

在测定某导电物质的极化曲线时,通常会采用三电极体系,即辅助电极、研究电极和参比电极。其中,研究电极为被研究导电物质,辅助电极的作用是与研究电极组成极化回路,参比电极是电位相对稳定的、提供参考电位的电极。

在测试中,研究电极电位是通过参比电极回路得到的,其遵循的基本公式如下:

$$\varphi_{研} = \varphi_{参} + E \tag{5-1}$$

式中,

$\varphi_{研}$——研究电极电位;

$\varphi_{参}$——参比电极电位;

E——两电极间的电位差。

由式(5-1)可知,利用参比电极已知的稳定电位及电位计测得的二者之间的电位差,即可得到研究电极在此环境下的极化电位。在实验中,常需要借助鲁金毛细管来形成电连通回路,减小参比电极与研究电极间的溶液电阻,从而避免该电阻对测得研究电极电位产生的误差。

借助于三电极体系可知,导电介质中的电位差是可以测得的,且该电位差与所在的电场特性紧密相关,而其中关键的设备就是参比电极。参比电极是一类电极电位相对稳定的电极,在海洋环境中,海底管道与牺牲阳极形成的电场本质上与"三电极体系"相似。对于管道表面保护电位的检测,传统方式是从平台与管道交接附近引出一根与管道相连的"地线",该"地线"与电位计相连,电位计另一端则与参比电极相连。在实际检测时,使参比电极尽量靠近管道并读出当前的电位值,类似于式(5-1)可求得最终的管道保护电位。虽然该方法简单易行,但对于"km"级别的海底管道检测来说,其很容易被"地线"的长度限制。而基于远地参比电极电位差测量的检测技术,则不受检测距离和埋深的限制。其检测原理中,主要包括标定过程和动态检测过程,图 5-3 为基于远地参比电极电位差测量的检测技术原理。

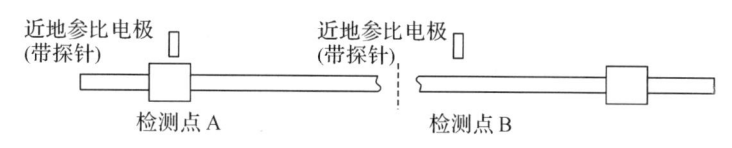

图 5-3 基于远地参比电极电位差测量的检测技术原理

如图 5-3 所示,带探针的近地参比电极和处于海平面附近区域的远地参比电极为主要检测设备。检测点 A 和检测点 B 为说明检测过程而设置的两个检测点,但要注意实际检测时,整个过程是动态不停顿检测的,即检测点 A 对应检测时刻 t_A,检测点 B 对应检测时刻 t_B。

在开始检测前，需要将带探针的近地参比电极与管道或牺牲阳极接触，接触的探针会与一根导线相连，直达信号采集处，借此引出线，可读取到远地参比电极相对于管道或牺牲阳极的电位值，即远地参比电极标定电位，记为 $\varphi_{远地}$。

远地参比电极电位标定过程完成后，近地参比电极与管道接触点分开。此时，采用高灵敏度电位计测量记录远地参比电极与近地参比电极之间的电位差，记为 ΔE_{t_A}，该电位差也被称为远地参比电极与近地参比电极环境电位差。该法所测得的环境介质电位差，与三电极体系中要避免的溶液电阻电位差是一致的，都是利用电位计测得整个回路电位减去电极电位得到某一电位值。因此，该检测技术所测环境电位差遵循的基本公式如下：

$$\Delta E_{环境} = E_{电位计} - (\varphi_{远地参比电极} - \varphi_{近地参比电极}) \tag{5-2}$$

式中，

$\Delta E_{环境}$——待测环境电位差；

$E_{电位计}$——电位计所得电位差；

$\varphi_{远地参比电极}$、$\varphi_{近地参比电极}$——参比电极电位。

对于应检测时刻 t_A，就可得到远地参比电极标定电位 $\varphi_{远地}$ 以及环境电位差 ΔE_{t_A}，将两项参数相结合，则有式（5—3）：

$$\varphi_{近地} = \varphi_{远地} + \Delta E_{环境} \tag{5-3}$$

式中，

$\varphi_{近地}$——管道电场在近地参比电极处的电位；

$\varphi_{远地}$——管道电场在远地参比电极处的电位（标定值）；

$\Delta E_{环境}$——远地参比电极与近地参比电极之间的介质电位差。

对于 $\varphi_{远地}$，因为远地参比电极所处区域的电位是基本稳定的，所以在海洋环境中只存在管道腐蚀防护系统产生的电场的情况下，其值是稳定不变的；但随着近地参比电极移动，近地参比电极与远地参比电极间的 $\Delta E_{环境}$ 会随着近地参比电极周围管道电场的变化而变化，可间接得出管道电场在近地参比电极处的电位值。

由此可知，在检测时刻 t_A 时，检测点 A 处的管道电场在近地参比电极处的电位为 $\varphi_A = \varphi_{远地} + \Delta E_{t_A}$。记录下该值后，使近地参比电极沿着管道开始移动，要注意在移动过程中，测量和推算过程也是同时进行的。对应检测时刻 t_B 时，由于远地参比电极依旧保持在水平面附近或电位稳定区域，因此远地参比电极标定电位值不变，而 ROV 携带近地参比电极沿着管道检测到检测点 B，可得到检测点 B 对应的管道电场在近地参比电极处的电位为 $\varphi_{t_B} = \varphi_{远地} + \Delta E_{t_B}$。另外，对于检测点 A 至检测点 B 之间的管段的周围环境电场电位检测也是相似的。至此，得到了检测点 A 至检测点 B 之间近地参比电极对应检测位置的管道电场电位曲线，而近地参比电极距离管道越近，其测得的管道电场电位值越能说明管道的防腐情况。

在管道电极电位的检测过程中，由于 $\varphi_{远地}$ 直到下一次参比电极电位标定是一直不变的，因此，基于远地参比电极电位差测量的检测技术的检测过程在电极电位标定前后一直是动态进行的且与管道无接触，因而可以保证较快的检测速度。$\varphi_{远地}$ 则决定了最后对于管道电位的推定值，其不变性，依赖于管道间有效牺牲阳极均匀的分布，若较长的管道间，存在极端不均匀的有效阳极分布，无法进行再次标定，则可能造成最后推定值的误差较大，因此后面需要开展实验及数值模拟进行标定值有效性的相关论证。

（二）电位检测的 C 语言程序设计

为了研究基于远地参比电极电位差测量的检测技术的有效性，需要对此进行实验，包括海底管道周围电场分布特性的研究实验及对基于远地参比电极电位差测量的检测技术的论证实验。同时为了提高实验效率，需要设计出一款相对通用稳定、功能易于拓展的电位检测程序，因而提出基于 C 语言进行电位检测程序设计。

1. 程序需求分析

在实验前，应对实验可能产生的程序功能需求进行合理的分析，如图 5-4 所示。

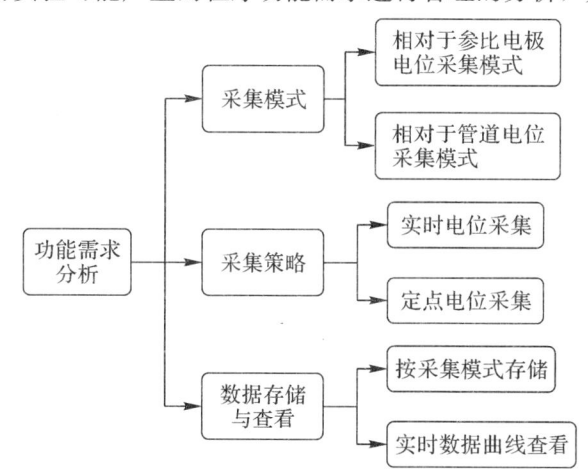

图 5-4　程序功能需求分析

图 5-4 为程序所应具备的各功能模块，其中采集模式主要分为相对于参比电极电位采集模式和相对于管道电位采集模式，二者分别对应着参比电极与管道间电位（标定电位）及参比电极间电位（环境电位差）。而对应上述两种采集模式，程序应可以根据需要而选择实时电位采集（任意时间电位显示）和定点电位采集（特定点的电位显示和存储），这两种采集策略可以满足正式检测前电位试检测（不存储）和正式检测时的特定点检测（显示和存储），从而避免无意义的数据存储，节省存储空间并降低数据分析复杂度。对于数据存储与查看，程序应能在存储数据时，自然区分不同采集模式下的电位数据，并能提供数据采集时的实时电位数值曲线，以给出直观的电位波动曲线。

2. 程序架构设计及开发

在整理出所有需要实现的功能模块后，应进行程序的架构设计，即程序的功能层次性划分，并应尽可能地保证程序的可读性、维护性和易扩展等。

MVC（Model View Controller）模式是模型、视图、控制器的集合，也是一种程序设计通用的设计模式。其将一份完整的代码按照业务逻辑、数据界面展示的方法进行组织，使相关代码集中在部分文件中，即在更改、完善、个性化定制界面和用户交互的同时，不必大范围改动业务代码。目前，MVC 架构大多被应用于反映用户输入、数据处理和内容输出，这些功能呈现在一个统一的 GUI（Graphical User Interface）用户界面的层次中如图 5-5 所示。

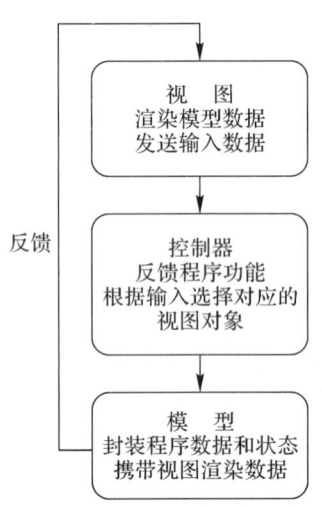

图 5-5　MVC 架构功能划分

其中，模型负责数据的处理并为视图提供所需数据，视图则负责 GUI 界面的数据展示，控制器负责衔接视图和模型。

MVC 架构分层有利于管理应用程序代码，可以集中处理不同层面的代码，以减少编码及阅读复杂性。例如，可以在不依赖模型处理的情况下专注于视图设计。此外，MVC 架构能很好地体现程序设计中"高内聚，低耦合"的原则，使程序具有良好的可修改和扩展性，如可在更换数据库的情况下，不用对视图层和控制器层进行修改，只需要修改数据库相关的程序；同样地，也可在不改变视图层的情况下，更换另一个模型实现同样的功能。另外，视图的数据渲染可能对一种数据有多种展示方式，如动态列表、动态曲线等，并且在 MVC 架构中，视图层中每一个展示模块都不用自己实现获取数据的整个流程，只需向控制器层提交数据申请，即可得到数据。模型中的一段逻辑代码可以被视图层中多个展示模块调用，实现了一对多而不是多对多的模式。这不仅可提高代码的复用性，还可减少程序的复杂度。

（1）Web 程序架构参考。

目前，MVC 架构在程序设计中被广泛应用。当然，该架构只是一个相当抽象的结构模式，具体到不同应用场景会有不同的应用变形，以 Web 访问举例。在 Web 程序中，其主要的分层如图 5-6 所示，MVC 架构变形为 Web 请求、控制器（Controller）层、服务（Service）层、数据接口（Data Access Object，DAO）层和数据库（Database）。

图 5-6 Web 架构

其中，Web 请求相当于 MVC 中的视图层，对应现实生活中的浏览器；控制器层相当于 MVC 中的控制器层，用于接收用户请求，并决定调用哪一个业务逻辑；服务层相当于 MVC 中的模型，负责完成数据处理和业务逻辑；数据层是数据访问层，负责衔接服务层和数据库；数据库是数据存储位置。整个 Web 架构不仅继承了 MVC 的优点，还具体化了 MVC 架构。虽然，图 5-6 所示的架构并不是所有程序实行的架构形式，但是其可对程序架构设计提供一定的参考。

（2）检测程序架构设计。

参考 MVC 架构和 Web 架构，产生了初步的检测程序架构设想，如图 5-7 所示。

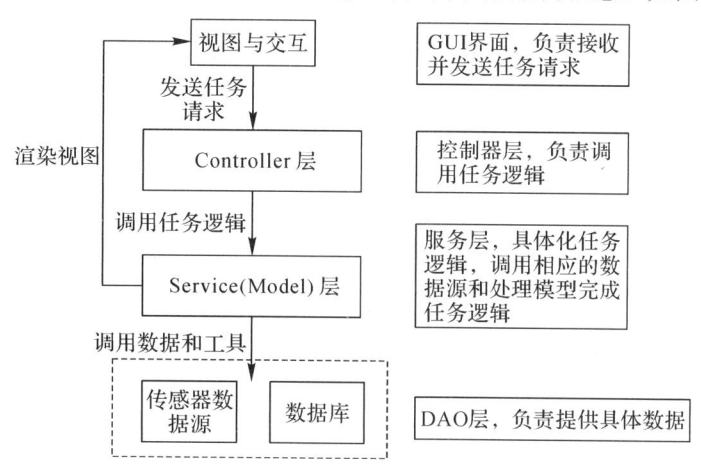

图 5-7 程序架构

图 5-7 所示的程序架构主要参考了 Web 程序架构，其存在的明显的缺点就是不适用于小型程序，且对将要实现的检测程序的设计来说，该架构明显过于注重分层。如果按照图 5-7 的架构进行程序设计，无疑会增加代码量及不必要的耦合分离，降低程序性能，尤其不利于其实时性的要求。

因此，以保留相对少的耦合性为原则，对图 5-7 所示自程序架构进行优化，优化后的自程序架构如图 5-8 所示。

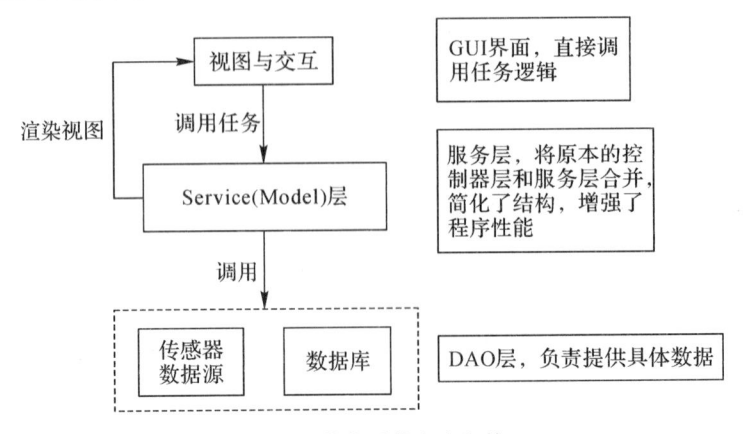

图 5-8　优化后的程序架构

图 5-8 所做的优化是将控制器层去掉，直接由视图层对服务层进行调用，需要何种服务直接调用即可；服务层负责完成任务逻辑、接收视图传递的输入、调用数据层的数据等。这里的数据层并没有严格的按照 Web 架构中的设计，只是将数据源集中起来形成一个独立的层。

图 5-8 所示中的每一个层都有其专注点，具体如下：

第一，GUI 层只专注于视图的渲染和与用户的交互。

第二，服务层专注于负责具体化所需的所有任务逻辑。

第三，DAO 层专注于数据的提供和存储。

至于三者间的关系，可以仅用少量的代码在各自层中实现三层的衔接和相互调用。

另外，在程序基本架构确定后，程序还应具备相对良好的响应性。当下位机进行数据采集时，由于不同的采集频率，采集的时间也会有所不同，因此在尽量满足较大采样率的同时，程序应能保持较好的响应性，即程序内部应采用多线程技术。

多线程技术是指一个进程中存在多个线程的工作调度。通常，一个进程对应一个程序，而线程则对应某一个具体的任务。进程拥有自己的资源空间，而线程共享进程资源，并通过被操作系统调度来实现程序的整体功能。对于该程序，多线程技术意味着，程序可以在等待数据采集的同时及时响应用户的操作，而不会出现程序界面卡顿、阻塞等现象，确保实验中数据曲线的实时存储和展示。

根据上述需求分析及架构设计，进行程序开发，详细步骤如下：

首先，对应于数据层，开发文件提供初始化数据库表、对数据库表的读写、开关数据库等功能。

其次，对应于服务层，开发文件提供传感器数据的读取、传感器数据展示、相对于参比电极电位采集、相对于管道电位采集、实时和定点电位采集等功能。

最后，对应于视图与交换层，提供不同采集模式的数据采集、实时和定点数据展示、定制化数据存储等功能。

二、海底管道腐蚀防护状态评估

目前，腐蚀防护状态评估主要采用电位准则判据方法，即测得管道表面保护电位不低于一个基本的最小保护电位，如-0.85 V（CSE），但该准则标准并不唯一。

在海底管道腐蚀防护状态的评估中，对牺牲阳极的腐蚀防护系统的评估多采用与电位梯度相关的评估方法。基于电位梯度的评估方法，利用检测得到的管道周围电位梯度去评估管道表面的保护电位，并根据相应的规范，评估海底管道当前的保护情况，或者根据电位梯度与管道表面保护电位的关系，从而推断管道表面的涂层破损情况。兰杰基于BP神经网络，通过数值模拟产生训练数据，以训练电位梯度与管道表面腐蚀防护状态相关的神经网络模型，预测评估管道外表面的腐蚀防护状态。Gao等学者利用基于混沌遗传算法的神经网络，预测海底管道的腐蚀程度。同时，也有研究者利用金属磁记忆方法对海底管道外腐蚀和内腐蚀进行评价的记载，但公开应用案例数不多。

对于海底管道表面电位的检测，其目的是对海底管道当前的腐蚀防护状态进行评估，以判定当前腐蚀防护系统是否仍有效，能否继续使管道得到良好的保护。目前，对于海底管道腐蚀防护状态的评估，大多是采用电位评估的方法，即利用ROV采集管道表面的电位，与规范规定的保护电位临界值进行对比。该方法对于未埋深管道是有效的，但对埋深管道是难以操作的。即使是未埋深管道，ROV携带的采集装置为了采集到管道表面的电位，会对管道外涂层等进行刺穿，并与管道裸钢接触测量，这都增加了管道表面破损的风险。

前面阐述了基于远地参比电极电位差法的海底管道电位检测技术，该技术是非接触式检测，可在不影响管道表面状态的情况下，得到海底管道腐蚀防护状态相关特征。在前文所述的实验和数值模拟结果中，海底管道周围环境电位分布的相关特征（如波峰）与海底管道腐蚀防护状态是强相关的。因此，下面将利用检测到的电位分布相关特征对海底管道腐蚀防护状态评估技术进行研究。

（一）海底管道腐蚀防护电位有效性评估

目前，大部分的评估手段都是以最终检测电位与规范中所规定的电位有效值进行比对。《石油天然气工业海底管道阴极防护》中规定，对于碳钢管道（此处暂忽略某些特殊工况），若暴露在海水环境中，其最正电位不超过-0.8 V，最负电位不超过-1.1 V；若暴露在海泥环境中，其最正电位不超过-0.9 V，最负电位不超过-1.1 V。

采用的基于远地参比电极电位差测量的检测技术，其最终测定值为对整体海底管道泥沙面附近的电位值。但近地参比电极只能测量泥沙面附近的管道电位，不能深入泥沙面去检测管道表面附近的电位。

基于远地参比电极电位差测量的检测技术论证实验进行了管道末端泥面附近电位和管道表面电位的对比。在得到泥沙面附近电位后，将近地参比电极深入泥沙面，使探头尽量靠近管道表面，并读取近地参比电极与管道引出线之间的电位值。

有涂层管道泥沙面附近电位与管道表面电位基本一致，差距很小，而无涂层管道则差距相对较大。分析原因如下无涂层管道保护电流比有涂层管道大，泥沙面附近电位与管道表面电位的差距取决于当前管道的保护电流大小及泥沙的电阻率，因此泥沙面电位能否替代管道表面电位应视被检测管段的保护情况而定。但由于无涂层管道实验模拟的是极端情况的电位分布，实际情况中基本不存在该工况，因此需借助数值模拟手段探究实际规模尺度，并在常见工况下海底管道泥沙面附近的电位对海底管道腐蚀防护状态进行评估。

1. 正常工作工况

（1）无阳极失效。

图 5-9 为无阳极失效电位分布数值曲线图，图 5-10 为其局部放大图。其中，靠近管道附近位置的保护电位较高，其与牺牲阳极电位相近，远离阳极 5 m 后，电位迅速下降。考虑远离阳极的管道部分，其表面电位大概为 1043 mV，泥沙面附近的电位大概为 1043.5 mV，二者误差在 0.05% 左右。

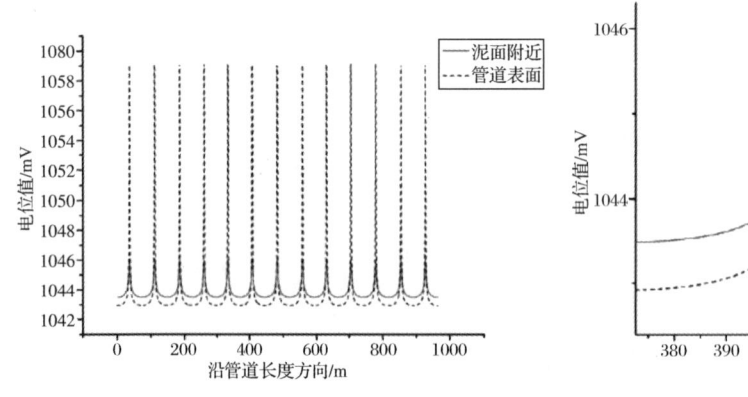

图 5-9 无阳极失效电位分布数值曲线图

图 5-10 无阳极失效电位分布数值曲线局部图

（2）单阳极失效。

图 5-11 为单阳极失效电位分布数值曲线图，图 5-12 为其局部放大图。其中，靠近管道附近位置的保护电位较高，其与牺牲阳极电位相近，远离阳极 10 m 后，电位迅速下降。考虑远离阳极的管道部分，其表面电位大概为 1041 mV，泥沙面附近的电位大概为 1042 mV，二者误差在 0.1% 左右。

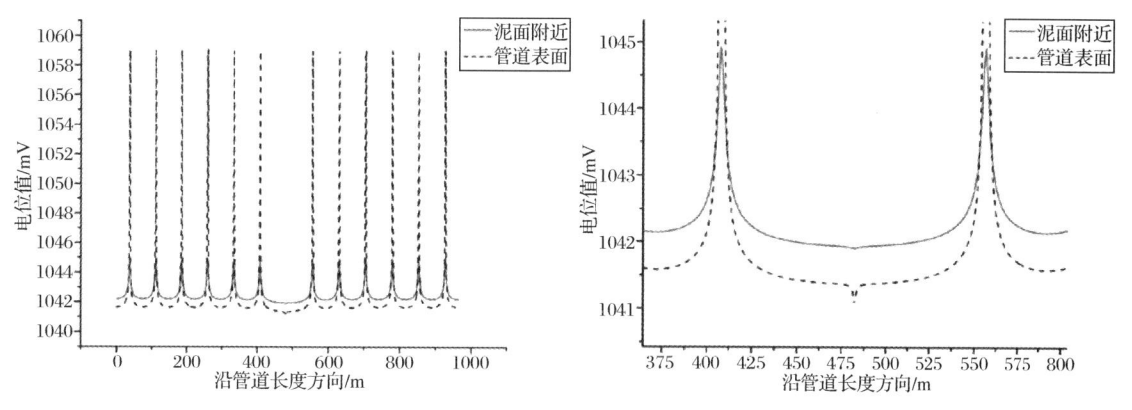

图 5-11　单阳极失效电位分布数值曲线图　　　图 5-12　单阳极失效电位分布数值曲线局部图

（3）一半正常一半失效。

图 5-13 为一半阳极失效电位分布数值曲线图，图 5-14 为其局部放大图。其中，靠近管道附近位置的保护电位较高，其与牺牲阳极电位相近，远离阳极 10 m 后，电位迅速下降；失效阳极区域，其管道表面电位与水域内电位也基本一致。考虑远离阳极的管道部分，其表面电位大概为 976.4 mV，泥沙面附近的电位大概为 977.6 mV，二者误差在 0.1% 左右。

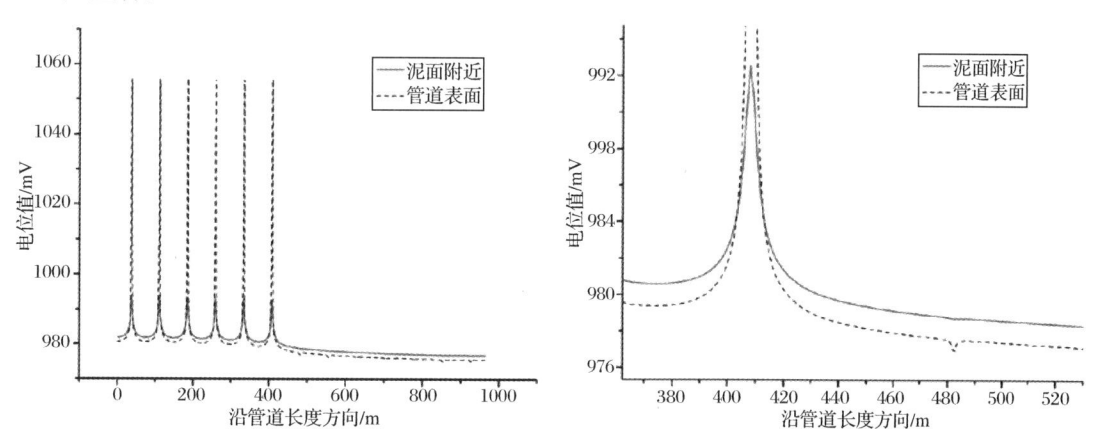

图 5-13　一半阳极失效电位分布数值曲线图　　　图 5-14　一半阳极失效电位分布数值曲线局部图

2. 临界保护工况

图 5-15 为 3 阳极有效电位分布数值曲线图，图 5-16 为其局部放大图。其中，靠近管道附近位置的保护电位较高，其与牺牲阳极电位相近，远离阳极 20 m 后，电位迅速下降；失效阳极区域，其管道表面电位与水域内电位也基本一致。考虑远离阳极的管道部分，其表面电位大概为 935.5 mV，泥沙面附近的电位大概为 936.5 mV，二者误差在 0.3% 左右。

图 5-15　3 阳极有效电位分布数值曲线图　　　图 5-16　3 阳极有效电位分布数值曲线局部图

3. 欠保护工况

图 5-17 为单阳极有效电位分布数值曲线图，图 5-18 为其局部放大图。其中，靠近管道附近位置的保护电位较高，其与牺牲阳极电位相近，远离阳极 20 m 后，电位迅速下降。考虑远离阳极的管道部分，其表面电位大概为 869 mV，泥沙面附近的电位大概为 869.7 mV，二者误差在 0.1% 左右。

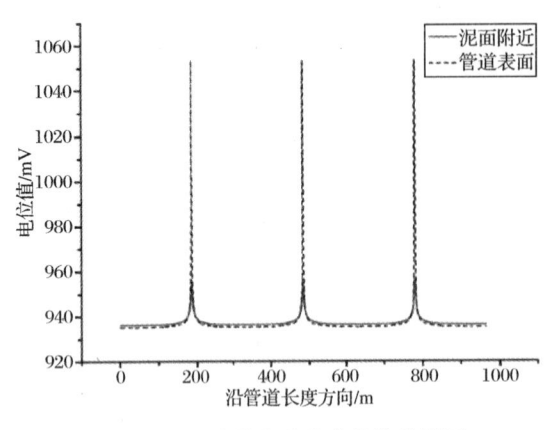

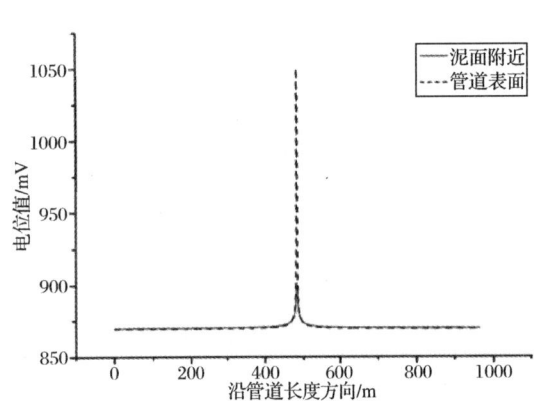

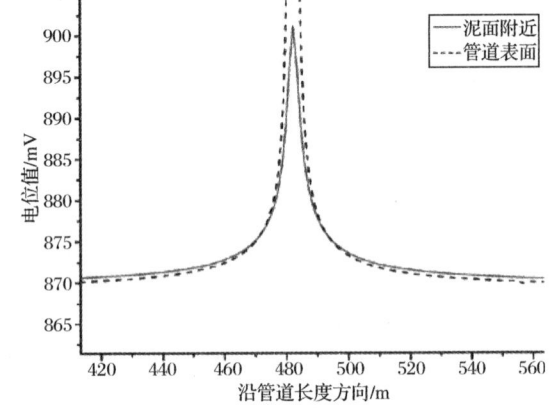

图 5-17　单阳极有效电位分布数值曲线图　　　图 5-18　单阳极有效电位分布数值曲线局部图

通过以上三种工况的数值模拟可知，管道表面电位与管道在泥沙面附近的电位相差很小。因此，从数值模拟结果来看，可以利用在泥沙面附近检测得到的管道电位值与规范中规定的最小保护电位去比对，评估海底管道防腐状态的有效性。

总体而言，海底管道表面电位与泥沙面附近电位差距相对较小。其原因是海泥电阻率虽然要大于海水环境，但由于海水的渗透等原因，使其海泥的电阻率与海水相差不是很大，而且海底管道本身有良好的涂层保护，又埋深于海泥中，使其所需保护电流密度较小。因此较小的电流密度和较小的海泥电阻率即可使海管的表面电位和泥沙面附近的电位相差不大。

考虑到实验中的保护电流对结果的影响，应参考下文中提到的阳极附近电位峰值来评估当前管段的保护情况，以决定泥沙面附近电位作为评估结果的有效性。

（二）海底管道牺牲阳极状态评估

海底管道的腐蚀防护体系中，牺牲阳极是关键的环节。牺牲阳极的状态决定了海底管道腐蚀防护状态的有效性。随着海底管道使用年限的增加，海底管道外涂层和外环境可能发生任意的变化，导致牺牲阳极消耗速度的加快，使牺牲阳极在到达设计年限之前就消耗殆尽，导致该区域的海底管道得不到阳极的保护。若能在海底管道的巡检中，检测到牺牲阳极的失效或异常消耗，则有助于及时采取补救措施（如加装牺牲阳极）避免海底管道外腐蚀发生。

基于远地参比电极电位差测量的电位检测技术，可以采集到海底管道周围环境的电位分布特征，而海底管道周围环境电场是由牺牲阳极和管道共同组成的，因此所采集到的信息同时包含了牺牲阳极的状态信息和管道的状态信息。在牺牲阳极附近，电位梯度较大，会有明显的波峰出现，因此对数值模拟曲线中的波峰特征进行分析，以便对海底管道牺牲阳极状态评估的合理性进行探究。

对于牺牲阳极状态的评估方法，可分为对波峰有无的判断和对电位差峰值变化的判断，前者可对牺牲阳极是否有效进行评定，后者可对牺牲阳极是否异常消耗进行评定。

随着管道自身状态的恶化及所处环境的易腐蚀程度的加深，管道和牺牲阳极所形成的原电池所释放的电流增加，而牺牲阳极的尺寸相对于管道来说就是一个腐蚀点，在该点附近形成较大的下降，形成波峰，而后辐散在管道表面，形成波谷。

表 5-1 对应图 5-19 中 4 个工况下电位曲线的电位差峰值（相对于波谷）。从管道服役初期到欠保护的过程，伴随着检测电位差峰值的逐渐增大。该过程随着失效阳极数的增加，有效阳极所需要保护的面积扩大到了失效区域，阳极释放电流增加，导致 IR 降增加，使检测到的曲线幅值增加明显。

表 5-1　不同工况下数值模拟曲线峰值

工况	a	b	c	d
电位差峰值/mV	2.5	3	20	130

（a）无阳极失效

（b）单阳极失效

(c) 3阳极有效　　　　　　　　　　　(d) 单阳极有效

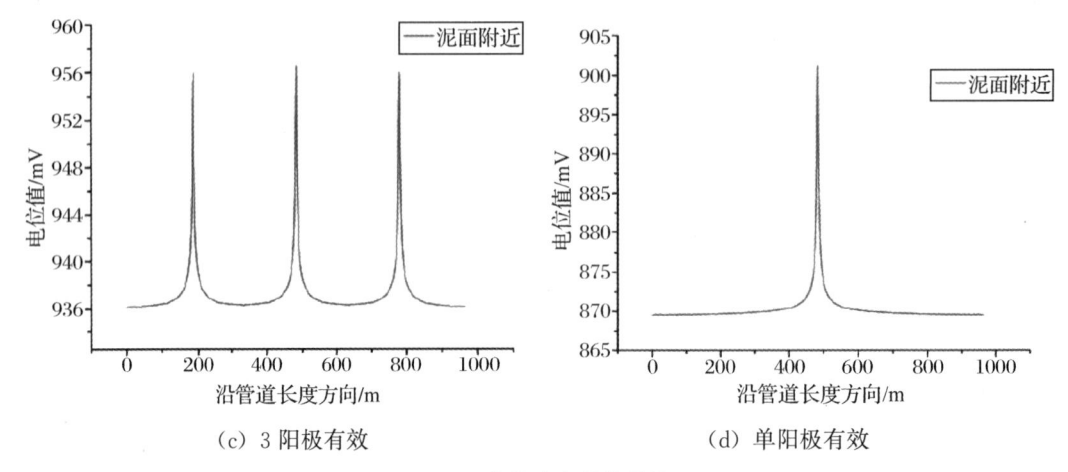

图5-19　电位分布数值曲线图

图（a）～图（d）是实际比例尺下海底管道电位分布数值曲线模拟结果图，分别代表着该段管道无阳极失效、单阳极失效、3阳极有效和单阳极有效的各个工况。对4个工况，按时间进程从头到尾来看，可以明显地看出电位检测曲线峰值的消失过程，即阳极的消耗过程。

综上所述，根据实验及数值模拟结果曲线的分布特征可知，电位分布曲线的波峰特征可以用来评估牺牲阳极的状态。针对阳极状态的评估，有以下两种策略：

（1）对被检测管道，利用远地参比电极电位差测量的检测技术，结合该段管道的设计图纸，测得管道整体环境的电位分布曲线，若本该存在牺牲阳极的位置没有检测到波峰存在，则可判定该处阳极已失效或消耗完。

（2）对比历次相同阳极位置处的电位差峰值，若存在较大的幅值增加且其他环境参数基本不变（如埋深、海水电导率等），则可判定当前牺牲阳极存在异常消耗，需考虑是否加装额外的牺牲阳极。

(三) 海底管道涂层状态评估

牺牲阳极位置处的电位峰值与海底管道腐蚀防护状态存在明显的关联性。

海底管道腐蚀防护系统在常规情况下的变化是缓慢的，除非受到外部干扰，并导致腐蚀防护系统的异常表现，一般地，对于实际海底管道腐蚀防护的检测，可制订定期巡检计划，通过对比历次检测得到的整体电位分布数值曲线，对异常曲线对应管段进行重点检测评估。

整体的电位分布数值曲线的异常表现可分为牺牲阳极位置处电位峰值的异常（如增加或消失）和被保护管道电位分布数值曲线的异常（如出现负峰值，可能存在大面积涂层破损）。通过前面的实验和数值模拟可知，因出现涂层破损而导致的电位分布数值曲线的负峰值是难以检测到的，而牺牲阳极位置处的电位峰值易检测到，且与该段被保护管道的腐蚀防护状态强相关，因此可重点关注该位置处电位分布数值曲线的变化。

由前面的实际比例尺下海底管道数值模拟结果可知，随着牺牲阳极保护面积的逐渐增加，其电位差峰值逐渐增加，而管道的涂层破损实际对应的牺牲阳极保护面积也增加。因此，在确定牺牲阳极保护区域的前提下，可通过观察牺牲阳极位置处历次电位分布数值曲线电位差峰值的变化判断其保护的管段的涂层是否存在异常。但电位差峰值的变化也受该段管道的埋深、海泥电导率、海水电导率变化的影响。下面将对电位差峰值的影响因素进行研究，以确定各因素的影响占比，从而确定管道自身的异常导致了电位峰值的变化。

1. 数值模拟参数设计

使用前文数值模拟中的海底管道模型参数进行建模，其中不考虑某些特殊情况，如阳极失效、管段暴露、管段悬空等。借助于前述数值模拟分析只取含有一个阳极的管段，即取管段长度为 74.2 m，海水深度取 50 m。

实际海底管道在服役期间，其所处的海泥和海水环境是相对稳定的，而海泥埋深和涂层可能会出现相对较大的变化，因此重点研究后二者的变化对电位差峰值的影响。对各因素进行取值：

(1) 埋深（m）：0.25、0.50、1.00、1.50、2.00。
(2) 涂层破损率：0.001、0.025、0.050、0.075、0.100。

按上述取值进行数值模拟，共计 25 个计算模型。

2. 对比工况设计

第一，当埋深确定时，电位差峰值随涂层破损率的变化规律。
第二，当涂层破损率确定时，电位差峰值随埋深的变化规律。

3. 数值模拟结果分析

如图 5-20 所示，在涂层破损率一定时，电位差峰值随埋深的增加而减小，且曲线的斜率随着埋深的增加呈现先快速减小后缓慢减小的趋势。各涂层破损率下的变化曲线相似，各曲线斜率随着涂层破损率的增加而增加。

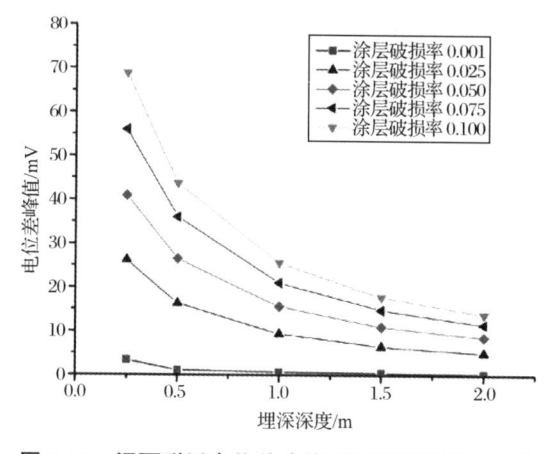

图 5-20 泥面附近电位差峰值随埋深深度变化曲线

根据图 5-20，可得总结如下：

海泥埋深，在深度较小时的变化带来的影响却是较大的，此时需要考虑海泥埋深变化的影响；而其深度较大时的变化带来的影响却较小，此时需要根据电位差峰值的变化情况来排除海泥深度变化带来的影响。

在首次巡检前，可先对需要巡检的管道进行数值模拟，并绘出如图 5-21 所示的变化曲线。由图 5-21 中的曲线，可定量评估埋深深度的变化带来的电位峰值变化的数量值，考虑到涂层破损率的未知，该定量评估适宜用在埋深深度较大时的变化工况。

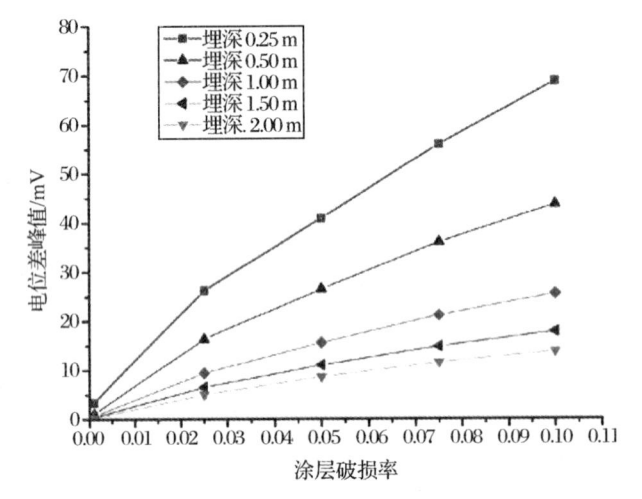

图 5-21 泥面附近电位差峰值随涂层破损率变化曲线

如图 5-21 所示，当埋深一定时，电位差峰值随涂层破损率的增加而增加，曲线斜率随涂层破损率的增加而呈现出先快速增加后缓慢增加的趋势。各埋深深度下的变化曲线相似，且各曲线斜率随着埋深的增加而减小。

根据图 5-21，可得总结如下：

当埋深深度较小时，涂层破损率对电位差峰值的影响较大，当埋深深度大于 1.5 m 时，涂层破损率的变化对电位差峰值的影响较小，电位差峰值的变化不易观察到。

在首次巡检前，可先对该段管道进行数值模拟，得出如图 5-21 所示曲线。在巡检时，若埋深变化相对较小，利用图 5-21 中的曲线，以及电位峰值变化，评估出涂层破损率目前处于哪一变化区间，进一步得到当前管段的涂层破损状态。

由图 5-20 和 5-21 可知，埋深及涂层破损率对电位差峰值的影响是相当的，为直观地对二者的影响大小进行对比，分别进行区间斜率计算，并绘制在一张图（图 5-22）中。其中，由于涂层破损率与埋深的变化不在一个数量级别，因此为了保持对比的直观性，对涂层破损率（无量纲）增加 10 倍，以和埋深深度保持同一数量级进行对比。

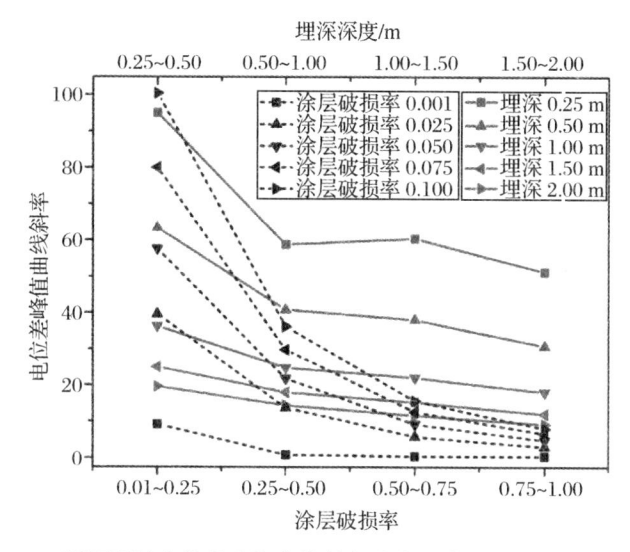

图 5-22　泥面附近电位差峰值曲线斜率随涂层破损率及埋深变化曲线

在图 5-22 中，上半轴表示埋深深度每一变化区间，下半轴对应涂层破损率每一变化区间（已增加 10 倍），纵轴表示每一区间计算得到的电位差峰值曲线斜率。虚线表示涂层破损率一定时，电位差峰值曲线斜率随埋深深度变化规律；实线表示埋深一定时，电位差峰值曲线斜率随涂层破损率变化规律。

分析图 5-22，可得出以下结论：

当埋深深度在 1 m 以上时，其深度变化对电位差峰值的影响要比涂层破损率变化小，此时电位差峰值变化幅度可忽略埋深变化的影响；而埋深深度在 1 m 以内时，埋深与涂层破损率的影响占比相当。

电位差峰值曲线斜率随着涂层破损率的增加呈现出减小的趋势，原因是牺牲阳极所能提供的保护电流有限，当电流达到其最大时，电位差峰值将不再变化。因此，电流值从零到最大，电位差峰值曲线斜率将逐渐减小。

电位差峰值随检测深度的增加而快速衰减，使得埋深超过一定深度时，峰值斜率受涂层破损率变化影响较小。

综上所述，可得到以下结论：

对于定期巡检，在首次巡检前，最好先对巡检管道进行相应的数值模拟分析，以得到如图 5-20 和图 5-21 所示的电位差峰值随埋深及涂层破损率的变化曲线。

记录历次巡检的数据，对异常的电位差峰值变化进行分析，若埋深深度基本不变或埋深深度较大时，可通过曲线图估算当前管段的涂层状态，判断其涂层破损是否异常增大；若埋深深度变化且变化区间在 1 m 以内，需借助曲线图除去埋深对电位差峰值的影响量，再进行涂层状态的评估。

第六章 管道腐蚀剩余寿命预测

第一节 管道腐蚀剩余寿命预测参数分析

一、腐蚀深度确定

管道腐蚀过程如图 6-1 所示。随着管道使用时间的增加，管道防腐层首先会被破坏，在无保护的情况下，管道壁开始发生腐蚀。

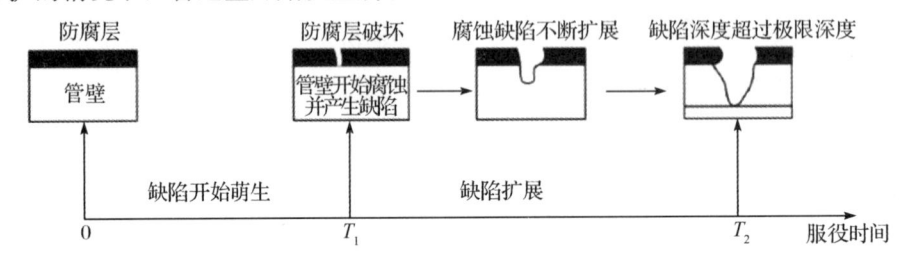

图 6-1 管道腐蚀过程

但仅通过整条管道的平均腐蚀情况不能确定管道的剩余寿命，管道中腐蚀最为严重的区域才能保守的反应管道的整体腐蚀情况，即以管道最大点腐蚀深度计算出的剩余寿命才是合理的。

(一) 点腐蚀深度统计分析

随着管道在地下服役时间的增加，腐蚀造成管道外壁出现许多点蚀坑，这些点蚀由于出现时间不同，增长的速度不同，它们的深度在一定的数值范围内分布。根据概率论知识，若点蚀深度符合随机分布，则点蚀深度不超过数值 h 的概率为：

$$P(H \leqslant h) = 1 - e^{-\frac{h}{\bar{h}}} \tag{6-1}$$

式中，

$P(H \leqslant h)$ ——点蚀深度不超过数值 h 的概率；

H ——点蚀深度随机变量，mm；

$\bar{h}$ ——点蚀平均深度，mm。

(二) 极限点腐蚀深度统计分析

管道点蚀剩余寿命不取决于平均点蚀深度，而是取决于极限点蚀深度。埋地管道极限点蚀深度分布服从 Gumbel 极值分布，得出极限点蚀深度不超过数值 h 的概率为：

$$F(h) = \exp\left[-\exp\left(-\frac{(h-\lambda)}{\alpha}\right)\right] \quad (6-2)$$

式中，

$F(h)$——最大腐蚀深度不超过 h 的概率；

h——最大腐蚀深度的随机变量；

λ——统计变量，表示概率密度最大的腐蚀点深度；

α——统计变量，表示腐蚀点深度的平均值。

由于管道埋在地下，在收集管道腐蚀坑深度数据时，不可能将整条管道开挖而采集所有腐蚀信息，不仅开挖工程量巨大难以实现且成本高。通常，工程上将管道外防腐层检测严重的区域进行开挖，进行取样收集数据。这样获得的最深的腐蚀深度具有很大的随机性，能够反映整个管道的腐蚀情况。将检测的数据进行统计处理，得到统计变量 α 和 λ，然后根据式（6-2）计算最深的腐蚀深度不超过某一数值的概率。

二、管道最大允许腐蚀深度

管道在实际运行过程中，腐蚀使壁厚变薄。当管道剩余壁厚达到一定极限状态时，管道壁的承受压力降低以致无法承受管道运行的实际压力而导致管道破裂泄漏，这时管道腐蚀深度就是腐蚀管道允许的最大腐蚀深度。在此情况下，管道实际运行压力达到了最大允许压力时，腐蚀深度若继续增加将导致管道壁厚无法承受该压力而穿孔失效；反之，如果腐蚀深度低于最大允许腐蚀深度，则被腐蚀管道是安全的。

（一）有限元法确定管道最大允许腐蚀深度

确定腐蚀管道最小剩余壁厚 $t_{\min}$ 的有限元几何模型计算如下：

$$P_c = \frac{P_L D^2}{(D+2t_y)^2 - D^2} \quad (6-3)$$

式中，

P_L——管道工作压力，MPa；

D——管子内直径，mm；

t_y——缺陷管道原始壁厚，mm；

P_c——轴向平面荷载，MPa。

（二）API RP 579 确定最大允许腐蚀深度

最大允许腐蚀深度是管道在满足管道运行压力下要求管道最大的缺陷尺寸。由于满足管道正常运行压力下的腐蚀量是不同的，因此，管道运行压力和腐蚀深度的大小对管道允许的极限腐蚀量有很大的影响。通常，假设管道腐蚀缺陷尺寸相同，位于管道高压区段允许的最大腐蚀量就相对较小。

腐蚀管道的临界腐蚀深度的计算可由 API RP 579 中推荐的公式求出：

$$H_c = t - R_t t_{\min} \tag{6-4}$$

$$R_t = \frac{M-1}{\dfrac{M}{RSF} - 1} \tag{6-5}$$

$$t_{\min} = \frac{PD}{2F\sigma_{ys}E} \tag{6-6}$$

$$M = (1 + 0.48\lambda^2)^{0.5} \tag{6-7}$$

$$\lambda = \frac{1.285 L_0}{\sqrt{Dt_{\min}}} \tag{6-8}$$

式中，

H_c——管道最大允许腐蚀深度，mm；

P——管道运行内压，MPa；

D——管道公称直径，mm；

F——设计系数，与管道所处地区类别相关；

σ_{ys}——管材最小屈服强度，MPa；

E——管材弹性模量；

t——管道公称壁厚，mm；

M——膨胀因子；

$t_{\min}$——要求的最小壁厚；

R_t——剩余壁厚比；

λ——壳体参数；

RSF——设计剩余强度系数，一般取 0.9；

L_0——管道腐蚀缺陷长度。

三、管道腐蚀速率的确定

管道腐蚀速率是管道腐蚀剩余寿命预测的基础，建立合理的腐蚀速率数学模型，才能确定正确的腐蚀管道剩余寿命预测方法，获得精确的预测结果。常用的腐蚀速率计算方法有改进电阻法、土壤埋片法、灰色模型法等。

（一）改进电阻法

改进电阻法测定管道腐蚀速率的基本原理：腐蚀试样与未腐蚀试样的电阻前后是有变化的，而这种电阻变化是试样腐蚀使其横截面面积减小造成的，即试样横截面面积减小试件电阻就会增大，因此在试样腐蚀测量时，只要掌握试样电阻的变化就可以计算出腐蚀试样的腐蚀量,从而确定腐蚀速率。

通常采用丝状腐蚀试样和片状腐蚀试样两种电阻法测定腐蚀速率,计算腐蚀速率的公式如下:

丝状试件:

$$v = \frac{r_0}{\delta}\left(1 - \sqrt{\frac{R_0}{R_t}}\right) \times 8760 \qquad (6-9)$$

片状试件:

$$v = \frac{(a+b) - \sqrt{(a+b)^2 - 4ab\dfrac{\Delta R}{R_t}}}{\delta} \times 2190 \qquad (6-10)$$

$$\Delta R = R_t - R_0 \qquad (6-11)$$

式中:

v——试件的腐蚀速率;

r_0——丝状试件的初始半径;

δ——试件厚度;

R_0——腐蚀开始时试件的初始电阻;

R_t——腐蚀 t 时刻测定试件的电阻;

a——片状试件的初始宽度;

b——片状试件的初始厚度;

ΔR——试件在 t 时刻电阻的变化量。

一般情况下,所取试样的电阻是很小的,因此获得的电阻变化量测量出来的腐蚀速率与实际的金属管道腐蚀发展速率之间是存在误差的。为了解决电阻测量的这一缺点,保证腐蚀速率的测试精确度,在实际计算中,用其他变化量代替电阻变化量,即在测试试验中提供恒定的电流,然后测量试样的电位(给定测量的试样电位与其电阻符合欧姆定律)。

测量试件段的电阻为:

$$R = \frac{U}{I} \qquad (6-12)$$

式中,

I——给定的恒电流。

将式(6-12)代入式(6-11)得到:

$$v = \frac{(a+b) - \sqrt{(a+b)^2 - 4ab\dfrac{\Delta U}{U_t}}}{t} \times 2190 \qquad (6-13)$$

式中,

U_t——腐蚀 t 时刻测定试件的电位;

ΔU ——试件在 t 时刻电位的变化量。

(二) 土壤埋片法

普通碳钢在自然环境中的均匀腐蚀速率是 0.1 mm/a，即 10 年的腐蚀深度能达到 1 mm。这种腐蚀程度对金属材料的实际应用通常不影响。但是，当腐蚀速率超过 1 mm/a，金属材料就已经不耐蚀了。因此，将 0.1 mm/a 和 1 mm/a 的腐蚀速率规定为金属材料腐蚀与耐蚀的界限。随着使用环境的不同，这个界限的规定必然是不同的。当金属达到 0.1~1 mm/a 的腐蚀速率时，金属的溶解电流密度相当于 0.01~0.1 mA/cm^2，这时以腐蚀质量变化表示的金属腐蚀速率为：

$$CR^- = \frac{W_0 - W_1}{St} \tag{6-14}$$

式中，

CR^- ——失重时的腐蚀速率，g/(m^2·h)；

W_0 ——金属的初始质量，g；

W_1 ——清除了腐蚀产物后金属的质量，g；

S ——金属的面积，m^2；

t ——腐蚀进行的时间，h。

腐蚀增重时金属腐蚀速率用式（6-15）表示：

$$CR^+ = \frac{W_2 - W_0}{St} \tag{6-15}$$

式中，

CR^+ ——增重时的腐蚀速率，g/(m^2·h)；

W_2 ——带有腐蚀产物金属的质量，g。

如何确定腐蚀管道是失重还是增重，可依据腐蚀管道上的产物是否容易去掉来判断。若容易除去，则是失重；若难以去除且完全牢固地附着在腐蚀管道上，则是增重。以腐蚀深度表示的金属腐蚀速率 CR_L 用式（6-16）计算：

$$CR_L = \frac{CR^- \times 24 \times 365}{100^2 \times \rho} \times 10 = \frac{CR^- \times 8.76}{\rho} \tag{6-16}$$

式中，

CR_L ——金属腐蚀的深度变化率，mm/a；

ρ ——金属的密度，g/cm^3。

CR_L 的年腐蚀深度公式为：

$$CR_L = 3.65 \times 10^3 \times \frac{\Delta W}{St\rho} \tag{6-17}$$

式中，

ΔW ——金属失重，g；

S ——试样原始表面积，m^2；

ρ ——金属的密度，g/cm^3；

t ——腐蚀进行的时间，d。

(三) 灰色模型法

灰色理论的基本思路和方法是通过对有限的、表面无规律的数据进行"生成"处理，然后利用生成数据建立预测模型，从而揭示出系统发展变化的潜在规律。对于腐蚀因素不确定的腐蚀速率预测，可采用灰色理论方法对系统的腐蚀数据进行生成处理，从杂乱无章的离散数据中找出内在规律。

1. 数据处理

在灰色理论中，数据处理被称为"数据生成"，其常用的方法有累加生成和累减生成。

(1) 累加生成数据。

设一数列记为：$\{x^{(0)}\} = \{x^{(0)}(1), x^{(0)}(2), x^{(0)}(3), \cdots, x^{(0)}(n)\}$ 进行 1 次累加生成的结果是：$\{x^{(1)}\} = \{x^{(1)}(1), x^{(1)}(2), x^{(1)}(3), \cdots, x^{(1)}(n)\}$；

$$x^{(1)}(k) = \sum_{i=1}^{k} x^{(0)}(i) \tag{6-18}$$

进行 r 次累加生成的结果是：$\{x^{(r)}\} = \{x^{(r)}(1), x^{(r)}(2), x^{(r)}(3), \cdots, x^{(r)}(n)\}$；

$$x^{(r)}(k) = \sum_{i=1}^{k} x^{(r-1)}(i) \tag{6-19}$$

r 次累加生成通常记为：$r \xrightarrow{\text{累加生成}} \{x^{(r)}\}$。

(2) 累减生成数据。

累减生成数据是用原始数列中的前后两项相减得到的数据作为新的数列，它是累加生成的逆运算。在灰色理论预测模型中，一般用累减生成数据来还原数列，得出预测结果。

2. 灰色理论预测模型

由于 $x^{(1)}$ 具有指数增加特征，因此令其满足以下微分方程：

$$\frac{dx^{(1)}}{dt} + ax^{(1)} = u \tag{6-20}$$

式中，

a 和 u ——待定系数。

当 Δt 足够大时，假设其值为 1，则式 (6-20) 中的微分方程可表示成式 (6-2) 的离散形式：

$$\frac{dx^{(1)}}{dt} = x^{(1)}(k+1) - x^{(1)}(k) \tag{6-21}$$

当 Δt 足够小时，取其平均值：

$$z(k+1) = \frac{1}{2}[x^{(1)}(k+1) + x^{(1)}(k)] \tag{6-22}$$

$\dfrac{\mathrm{d}x^{(1)}}{\mathrm{d}t}$ 为 $t=k$ 到 $t=k+1$ 时段内"背景值"，这样灰色理论预测模型就成为：

$$x^{(1)}(k+1) - x^{(1)}(k) + az(k+1) = u \tag{6-23}$$

当 $k=1$ 时，易得，$x^{(1)}(2) - x^{(1)}(1) + az(2) = u$。则有 $x^{(0)}(2) = az(2) + u$。$\{x^{(0)}\}$ 和 $\{x^{(1)}\}$ 中各时刻数据满足：$\boldsymbol{y}_N = \boldsymbol{B}\hat{\boldsymbol{a}}$

$$\boldsymbol{y}_N = \begin{bmatrix} x^{(0)}(2) \\ x^{(0)}(3) \\ \vdots \\ x^{(0)}(n) \end{bmatrix}, \quad \boldsymbol{B} = \begin{bmatrix} z^{(1)}(2) & 1 \\ z^{(1)}(3) & 1 \\ \vdots & \vdots \\ -z^{(1)}(4) & 1 \end{bmatrix}, \quad \hat{\boldsymbol{a}} = \begin{pmatrix} a \\ u \end{pmatrix} \tag{6-24}$$

在灰色预测模型中，a 又称为发展系数，它反映 $\hat{x}^{(0)}$ 及 $\hat{x}^{(1)}$ 的发展态势；$\boldsymbol{B}$ 为灰色作用量，它的大小反映数据的变化关系，在系统中相当于作用量。按照最小二乘法确定参数 a 和 u 近似值：

$$a = \frac{\sum_{k=2}^{n} z^{(1)} \sum_{k=2}^{n} x^{(0)}(k) - (n-1)\sum_{k=2}^{n} z^{(1)} x^{(0)}(k)}{(n-1)\sum_{k=2}^{n} z^{(1)}(k)^2 - \left[\sum_{k=2}^{n} z^{(1)}(k)\right]^2} \tag{6-25}$$

$$u = \frac{\sum_{k=2}^{n} x^{(0)} \sum_{k=2}^{n} z^{(1)}(k)^2 - \sum_{k=2}^{n} z^{(1)}(k) \sum_{k=2}^{n} z^{(1)} x^{(0)}(k)}{(n-1)\sum_{k=2}^{n} z^{(1)}(k)^2 - \left[\sum_{k=2}^{n} z^{(1)}(k)\right]^2} \tag{6-26}$$

式（6-25）和式（6-26）中的 $z^{(1)}(k) = 0.5x^{(1)}(k) + 0.5x^{(1)}(k+1)$，则微分方程式（6-20）的特解为：

$$\hat{x}^{1(k)} = \left(x^{(1)}(0) - \frac{u}{a}\right)\exp(-at) + \frac{u}{a} \tag{6-27}$$

令 $x^{(1)}(0) = x^{(0)}(1)$，代入式（6-27）得：

$$\hat{x}^{1(k)} = \left(x^{(0)}(1) - \frac{u}{a}\right)\exp(-ak) + \frac{u}{a} \tag{6-28}$$

当 $k \geqslant 2$ 时，称式（6-28）为灰色理论管道腐蚀速率预测模型公式。

综上所述，对管道腐蚀进行剩余寿命预测不仅需要管道的尺寸数据，还需要获得管道在检测时间段的腐蚀情况。例如，管道在已使用时间里管道的腐蚀深度、腐蚀速率以及该管材所允许的最大腐蚀深度。

第二节 管道剩余寿命预测系统设计

为了实现对管道腐蚀剩余寿命的预测，本节设计了一个管道剩余寿命预测系统，在硬件的数据采集和软件平台两个方面均提出设计方案，以提高管道剩余寿命预测方法的易用性。

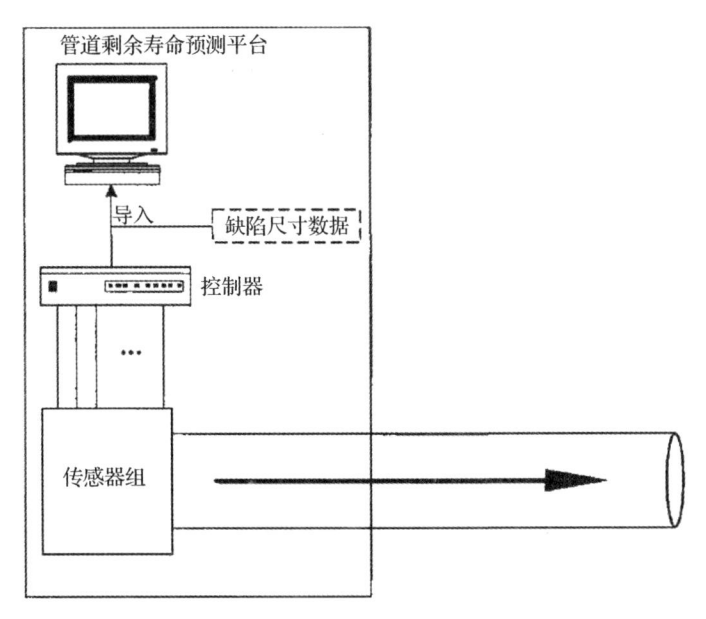

一、管道剩余寿命预测系统总体设计

管道剩余寿命预测系统可分为硬件系统和软件系统两个部分。本节提出基于组合建模腐蚀发育的寿命预测方法，这一方法所需要数据是多方面、多来源的，包括管道缺陷尺寸数据，这一部分数据由管道内检测器对管道进行检测获得，直接提供给管道剩余寿命预测系统使用；另一部分数据是输油管线上采集到的数据，这些都是影响管道腐蚀的重要因素，主要由安装在石油管线上的检测装置得到。管道剩余寿命预测系统总体设计如图 6-2 所示。

图 6-2 管道剩余寿命预测系统总体设计

由图 6-2 可知，管道剩余寿命预测系统包括传感器组、控制器和预测系统软件平台。传感器组包括内检测传感器组和外检测传感器组。内检测传感器组置于管道的首端或末端，与输送介质接触，检测影响管道内壁腐蚀因素的数据；外检测传感器组检测影响管道外壁腐蚀因素的数据。内检测传感器组一般用于实时采集反映管道运行状态特征的变量数据和管道输送介质成分数据，反映管道运行状态的特征参量数据和管道输送介质成分数据，包括输送石油的压力、流速、石油的温度、溶解氧含量、CO_2 含量、pH 值、S^{2-} 含

量以及 Cl^- 含量等，这些都是影响管道内壁腐蚀的因素。另外，传感器的类型和数量选择是根据实际使用的管道类型和管道输送介质来确定的。对于埋地输油管道，外检测传感器组应该选择可以检测出土壤成分含量的传感器，具体包括土壤含盐量的检测、土壤含水量的检测、土壤电阻率和 pH 的检测等，这些检测项目能够反应管道外壁腐蚀的情况。

控制器用于控制传感器组的数据采集过程，从传感器组接收数据并存储，之后传送给管道剩余寿命预测系统平台处理和使用。

管道剩余寿命预测系统软件平台是实现接收检测数据、处理检测数据、实现剩余寿命预测算法、显示预测结果等功能的软件系统。它将直接获取的数据经过处理、筛选、计算，实现剩余寿命预测算法，并将剩余寿命预测的结果通过友好界面直接呈现出来。

二、管道剩余寿命预测系统硬件设计

（一）传感器组设计

1. 内检测传感器组

内检测传感器组可选用成型的石油成分分析设备有：YDN－101 型运动黏度测定仪，可以检测石油黏度，运动黏度测定范围为 $0.5\sim20000\ mm^2/s$，动力黏度测定范围为 $0.3\sim40000\ MPa\cdot s$；SF-3 石油含水率检测仪，采用卡尔－费休库仑法测定石油中的水分，测定范围可达 $0.0005\%\sim100\%$，精度为 $1\ \mu g$；AZ8403 溶解氧测量仪，分辨率可达 0.1%；JN 智能碳硫分析仪，含硫测量范围可达到 $0.003\%\sim2.00\%$。

除了以上这些成分分析仪器和设备，还有各类检测传感器。具体如下：检测氯含量的 PCl-1 型氯离子选择性电极，测定范围为 $1\times10^{-1}\sim5\times10^{-5}\ mol/L$；用于检测压力的 HDP578S 高温压力传感器，量程有两个：$-100\ kPa\sim0.6\ MPa$ 和 $60\ MPa\sim204\ MPa$；用于检测石油温度的 HGB200 防暴温度传感器，测量范围在 $-50\sim400℃$，测量精度为 $\pm0.2℃$；用于检测石油酸度 pH 值的传感器 OH-BTA，范围为 $0\sim14$，分辨率为 0.005；检测流速用的 LWGY 宽量程液体涡轮流量传感器等。

以上的石油成分分析仪器和设备的检测结果可导入腐蚀因素文件，各种传感器接入数据采集卡连接控制器，通过定期检测和数据采集，即可得到腐蚀因素数据。这里将石油成分分析仪器和设备以及各类传感器统称为传感器组，它们所测得的数据统称为腐蚀因素数据，存储在腐蚀因素数据文件中。

2. 外检测传感器组

外检测传感器组检测影响管道外壁腐蚀因素的数据。对于埋地输油管道，外检测传感器组应该选择可以检测出土壤成分含量的传感器，包括土壤含盐量的检测、土壤含水量的检测、土壤电阻率和 pH 值的检测等，检测项目是能够反应管道外壁腐蚀的因素，可选用 OK-Q7 土壤成分分析检测仪来检测获得所需数据。

由于地域、地形、气候等差异，因此土壤中的成分差异比较大。例如，某一地区降水量的多少、土壤的保持水分能力、胶体性质等都会直接影响这些腐蚀指标。另外，即使是同一地域，由于地势高低的不同，土壤中的腐蚀因子的成分也会有很大的差异。因此，外检测传感器的分布应该使用多点采集的方式，需要提前划分管段，将外壁腐蚀因素指标相同或相近的管道划分在同一个管段，安装一组外检测传感器组；所处环境差异较大的管段要安装不同的检测传感器组。

（二）采集卡与控制器选择

下位机主要用于控制传感器组的数据采集过程，读取传感器采集的数据，并将数据存储。目前，下位机中控制器所实现的功能较为简单和单一，可采用cRIO9025控制器和NI9205模拟量输入模块来实现，这一成型的数据采集和储存系统是由美国国家仪器公司提供的。

cRIO9025控制器包含一个工业级处理器，不仅能够可靠而准确地执行LabVIEW实时应用程序，同时可提供多速率控制、数据存储以及与外部设备通讯等功能，而且还配有以太网端口、内置数据存储器介质和内置的USB和RS232接口；NI9205模拟量输入模块则通过控制器配置的机箱来连接，该机箱为内嵌FPGA（Field Programmable Gate Array）的可重配置机箱，是嵌入式系统体系结构的核心；并且机箱中的FPGA直接和每个I/O模块相连，可高速访问I/O电路并灵活实现定时、触发和同步等功能。

这里主要介绍NI9205模块和cRIO9025控制器。NI9205是32通道16位模拟量输入模块，可同时单端接入32路信号或以差分形式接入16路信号，模块中已经集成了滤波、放大和AD转换等功能电路，用户可直接将传感器供电后的信号端与NI9205模块的输入端口相连。装置的组成具体为：NI9205模块通过NI公司提供的可重构的FPGA机箱接口与cRIO9025控制器通过直插形式连接，由cRIO9025控制器来控制采集过程，并实现数据的存储，该系统自身提供4GB的内部存储介质，或者使用外接USB存储设备，如U盘、SD卡、移动硬盘等。

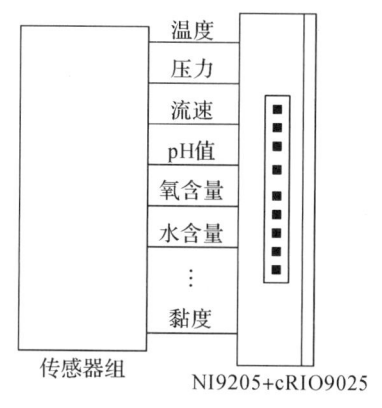

图 6-3　采集装置连接示意图

三、管道剩余寿命预测系统软件设计

（一）系统流程设计

管道剩余寿命预测软件系统流程如图 6-4 所示。由图 6-4 可知，用户需要先登录进入系统，新建立一个项目，然后需要设置管道系统的参数，包括管道材质、管道直径、管道壁厚、管道设计的运行压力、管道日常运行的最大允许操作压力等。另外，用户还需要按照规定的数据格式向系统导入历史检测数据，包括管道内检测器定期检测的缺陷尺寸数据和传感器组采集的影响管道内外壁的腐蚀因素数据，这些都是带有时间标签的有序时间检测序列。数据导入之后，用户可以进行保存操作，进入下一步的预测流程，也可以退出系统。

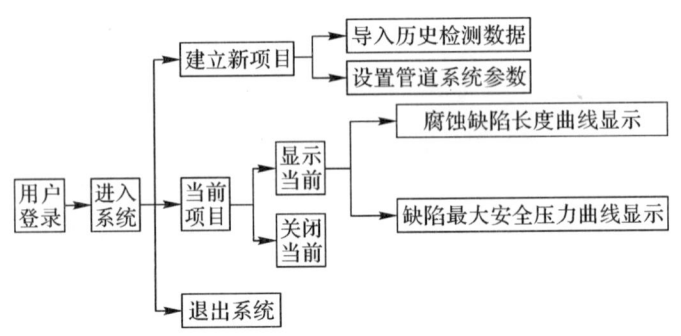

图 6-4 管道剩余寿命预测软件系统流程

在当前项目中，成功导入数据并进行参数设定后即可进入预测程序。从预测结果中就可以看到系统根据历史数据和预测结果所绘制的不同曲线图，包括预测得到腐蚀缺陷深度随时间的变化曲线、腐蚀缺陷长度随时间的变化曲线以及腐蚀缺陷最大安全压力随时间的变化曲线。

当退出当前项目显示当前界面时，系统会提示保存当前项目的一些信息和预测结果，以保证下次再次打开时还能进入上一次的数据显示窗口。在退出系统之后，用户还能继续创建新的项目进行下一次的预测。

（二）系统功能模块设计

管道剩余寿命预测系统的主要目的是能够通过各种检测数据，方便快速进行管道剩余寿命预测。管道剩余寿命预测系统软件平台的功能模块设计如图 6-5 所示。

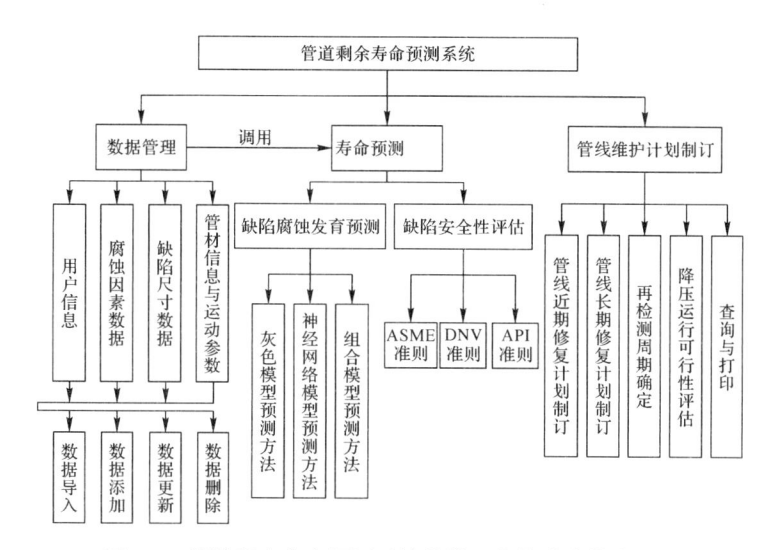

图 6-5　管道剩余寿命预测系统软件平台的功能模块设计

由图 6-5 可知，系统功能模块设计主要有三个部分。

1. 数据管理

这一模块主要是对用户信息、传感器组采集额定腐蚀因素数据、内检测器检测的腐蚀缺陷尺寸数据以及管道材料参数和运行参数的管理。其中，用户信息的管理，包括用户登录信息记录、验证，用户权限的添加、删除等；腐蚀因素数据包括从外接存储介质导入的带有时间标签的检测数据，或者传感器检测由下位机传输来的检测数据，因而腐蚀因素数据的管理，包括对数据的分析、剔除、筛选等，并建立在时间上连贯的数据文件；缺陷尺寸数据是内检测器得到并经过分析处理后由外部存储介质导入的数据，带有时间标签、缺陷位置标签、缺陷长度、缺陷深度等信息；管道材参数与运行参数是管道自身的参数信息，包括管道材质、管道直径、管道壁厚、管道设计的运行压力、管道日常运行的最大允许操作压力等信息。数据管理模块对这些数据都进行管理，可以进行导入数据操作、数据点或数据段的插入操作、数据更新操作和数据删除操作等。

2. 寿命预测

寿命预测是该系统的核心模块，是将本节提出的管道剩余寿命预测方法进行实现的部分。寿命预测模块调用数据管理模块的数据，根据不同的方法和理论建立预测模型，并做出相应的预测。寿命预测模块包含缺陷腐蚀发育预测模块和缺陷安全性评估模块两个部分。其中，缺陷腐蚀发育预测模块包含灰色模型预测方法、神经网络模型预测方法和组合建模的腐蚀发育预测方法，用户可以根据选项栏勾选使用何种方法进行缺陷腐蚀发育的预测；缺陷安全性评估模块提供了国内外使用最广泛的三个评价准则，即 ASME 评价准则、DNV 评价准则和 API 评价准则，由于这三个评价准则都有其最擅长评估的领域，以及各自最优的适用范围和适用条件，因此，用户可以根据实际情况选择不同的评价准则。根据用户自选的腐蚀发育预测方法和缺陷安全性评估得到的结果，可以得到用户所需的管道缺陷安全压力预测曲线。

3. 管线维护计划制订

根据寿命预测模块所得到的预测结果，管线维护计划制订模块生成一些管线维护建议，包括制订管线近期或者长期修复计划的建议、管线再检测周期的建议、管线降压运行可行性的建议等。该模块不仅可以查询预测曲线上具体的点的坐标值，还可以将管线维护计划建议和结论进行保存并打印输出。

（三）系统数据格式设计

由 NI9205 采集模块和 cRIO9025 控制器构成的数据的采集系统存储的数据是 TDMS（Technical Data Management Streaming）格式的文件。

TDMS 文件是 NI 公司主推的一种数据记录文件，具有高速传输、容易存放读取等众多优势，能够在 NI 公司的各种数据分析或挖掘软件之间进行无缝交互，还提供一系列 API 函数供其应用程序调用，如图 6-6 所示。

图 6-6　TDMS 文件的各种 API 函数

TDMS 文件在 LabVIEW 等多种软件中均可以使用，也可以在 Excel 或 Matlab 中被调用，或者直接打开并编辑。总体而言，这种文件格式在数据存储方面是一个非常不错的选择。TDMS 的逻辑结构分为三层：文件、通道组和通道（如图 6-7 所示）。用户可以非常方便地使用这三个逻辑层次定义测试数据，也可以任意检索各个逻辑层次的数据，这使得数据检索是有序且方便存取的。

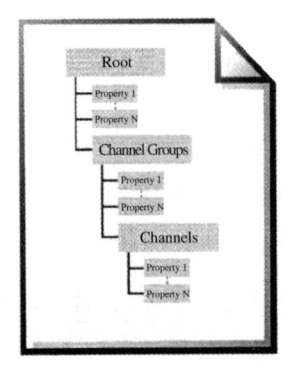

图 6-7　TDMS 文件的逻辑结构

第六章 管道腐蚀剩余寿命预测

这里设计的管道剩余寿命预测系统采用的是数据文件导入形式,文件格式是 TDMS 格式。系统所要导入的数据分为两个:一个是传感器组采集的腐蚀因素数据,另一个是内检测器定期采集的管道缺陷尺寸数据。

其中,传感器组采集的腐蚀因素数据是由采集系统直接保存而成的 TDMS 文件,其文件格式如图 6-8 所示,一共 11 个输入通道。其中,第 0 通道的数据是读取的系统数据采集时间,从第 1 通道到第 10 通道的数据是通过 NI9205 模拟量输入模块的输入端口读取的各传感器所采集的数据,或者由石油成分分析仪器和设备得到的数据经过后期存储进来的。此外,腐蚀因素数据中的通道数是根据腐蚀因素检测数确定的,但是可以改变的。如果检测的因素数量多,则通道数就多;如果检测的因素数量少,则通道数也会相应减少,这是由实际检测项目决定的。

```
Root Name  Title        Author     Date/Time  Groups  Description
fushi-yinsu                                      1

Group      Channels  Description
Team         10

Team
Channel    Datatype   Name        Unit    Length   NI_ArrayColumn
IN0        STRING     Date                                  0
AI0        DOUBLE     Oxygen                                1
AI1        DOUBLE     pH                                    2
AI2        DOUBLE     Temperature                           3
AI3        DOUBLE     Pressure                              4
AI4        DOUBLE     Flowrate                              5
AI5        DOUBLE     Cl                                    6
AI6        DOUBLE     S                                     7
AI7        DOUBLE     H2O                                   8
AI8        DOUBLE     Viscosity                             9
```

图 6-8 腐蚀因素数据文件设计和索引

管道内检测器定期采集的管道腐蚀缺陷数据的文件设计和索引,如图 6-9 所示。该文件的通道组数为 5,即表示内检测器共提供了 5 次检测数据,每次检测的数据表中包含 8 个通道的数据,分别存储着每次检测得到的每一个缺陷的检测日期、缺陷编号、缺陷长度宽度和深度、缺陷里程位置、缺陷时钟角度位置和缺陷在内外壁的分布情况。但需要注意的是,这其中的通道组合是可以改变的,每多一次检测就会增加一个通道组。

```
Root Name  Title        Author     Date/Time  Groups  Description
fushi-quexian                                    5

Group      Channels  Description
Detect1       8
Detect2       8
Detect3       8
Detect4       8
Detect5       8

Detect1
Channel    Datatype   Name        Unit    Length   NI_ArrayColumn
IN1        STRING     Date                                  0
IN2        INT        DefectNum                             1
IN3        DOUBLE     Length                                2
IN4        DOUBLE     Width                                 3
IN5        DOUBLE     Depth                                 4
IN6        DOUBLE     Mileage                               5
IN7        DOUBLE     Angle                                 6
IN8        BOOL       InOutside                             7

Detect2
...
 ⋮
Detect5
```

图 6-9 腐蚀缺陷检测数据文件设计和索引

综上可知,导入寿命预测系统两组数据的文件格式设计,均为 TDMS 格式的文件,不仅可以用 LabVIEW 中提供的多种 API 函数直接调取和使用,并且可以用 Excel 或者

Matlab 打开并进行编辑。因此，无论是从数据易用性、数据编辑的便捷性，还是数据文件兼容性上来讲，TDMS 格式都是一个非常好的选择，用户只需按照这样的数据格式，制作数据文件导入系统即可开启预测。

（四）系统界面设计

管道剩余寿命预测系统是在 LabVIEW 2012 环境下实现的。LabVIEW 是由美国国家仪器公司所开发的图形化程序（G 语言）编译平台，是目前应用范围最广泛、发展速度最快、功能最强的图形化软件集成开发环境。在 LabVIEW 环境中开发了一个程序叫虚拟仪器（Virtual Instrument，VI），类似于文本编程中的函数。在 G 语言编译平台下，允许设计者直接通过拖拽虚拟化形式的 VI 来生成程序，不需要通过文本编程来实现各种功能，初学者很容易上手操作。

在算法的实现方面，LabVIEW 可以直接调用 Matlab 编写的 m 函数或者动态链接库，不需要设计者对算法进行新的编写。另外，在 LabVIEW 框图程序中加入 Matlab Script 节点，然后在 Matlab Script 节点上增加输入输出端口，这是调用 Matlab 编写的 m 函数的关键步骤。该系统中的灰色模型预测方法的实现、灰色关联方法、IOWHA 组合方法和缺陷评估等方法都是通过调用 Matlab 函数实现的。另一种实现是调用动态链接库，LabVIEW 提供一个调用库函数节点，该节点可以在 LabVIEW 中实现 DLL 函数的调用。

无论是在系统界面设计还是算法实现方面，LabVIEW 都有着非常大的优势。不仅具有良好的人机交互模块、容易上手，而且开发周期短，非常便于代码的维护与程序的更新。

图 6-10 是使用 LabVIEW 设计的管道剩余寿命预测系统的界面图，具有良好的交互界面。在进入管道剩余寿命预测系统后，在界面窗口可以看到数据管理人机、预测结果显示和方法选择三个部分。

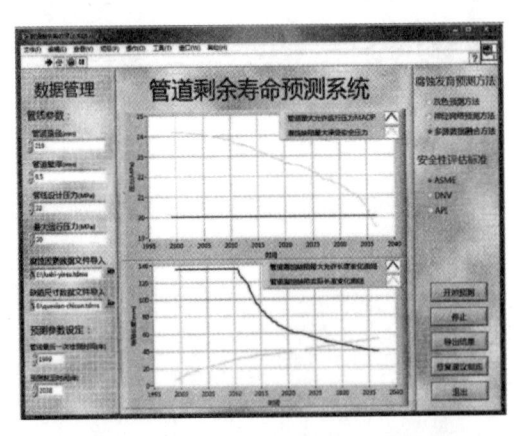

图 6-10 管道剩余寿命预测系统主界窗口

综上可知，LabVIEW 实现了管道剩余寿命预测系统界面的设计。管道参数设定和检测数据的导入建立组合模型的腐蚀发育预测方法，并结合安全评估标准得到最终预测曲线，实现管道寿命预测的基础功能。

第三节 埋地管道与海底管道剩余寿命预测

一、埋地管道剩余寿命预测

管道腐蚀是一个动态发展并时刻变化的过程。若管道已发生腐蚀，则需评价腐蚀对管道安全造成的影响和管道腐蚀缺陷逼近失效的临界时刻，即需要预测管道的腐蚀发展趋势，进而给出管道的剩余使用寿命的预测。

（一）基于检测数据的腐蚀趋势预测

1. 均匀腐蚀

从管壁的腐蚀深度角度出发，根据管壁的腐蚀深度可以得出管壁腐蚀速度的公式，并得到腐蚀管道的剩余寿命。

$$t = t_f - t_n = \frac{\sigma_n - \sigma_{\min}}{v} = \frac{\sigma_n - \sigma_{\min}}{\sigma_{n-1} - \sigma_n}(t_n - t_{n-1}) \tag{6-29}$$

式中，

t——腐蚀管道的剩余寿命，a；

t_f——管壁腐蚀到允许的最小壁厚 $\sigma_{\min}$ 的时间，a；

v——管壁的腐蚀速度，mm/a；

$\sigma_{\min}$——管壁允许的最小壁厚，mm；

σ_{n-1}——管道上一次测量的壁厚，mm；

σ_n——管道本次测量的壁厚，mm；

t_{n-1}——上一次测量的时间，a；

t_n——本次测量的时间，a；

2. 非均匀腐蚀

非均匀腐蚀情况下的管道剩余寿命预测研究与均匀腐蚀预测思路相似，不同之处在于非均匀腐蚀预测方法是基于现场历次的实际检测数据归纳得出的一套专属管道剩余壁厚与服役时间的公式，利用该公式求解出其腐蚀剩余寿命，而不是利用常规的平均腐蚀速率进行计算。假定管道腐蚀发展趋势呈现指数规律增长，其公式如下：

$$t_x = a e^{bT_x} \tag{6-30}$$

式中，

t_x——管道发生腐蚀 T_x 年后的最小剩余壁厚，mm；

a、b——常数（与实际环境相关）；

T_x——管道发生腐蚀后的运营时间，a；

将两次检测数据代入式（6—30）中即可求出 a、b，再将 a、b 的值代入式中，即可得出腐蚀发展趋势曲线，表示如下：

$$d_x = t - \frac{t-d_1}{\exp\left\{\frac{T_1}{(T_1-T_2)}\ln\frac{t-d_1}{t-d_2}\right\}} \cdot \exp\left\{T_x \ln\frac{\frac{t-d_1}{t-d_2}}{T_1-T_2}\right\} \tag{6-31}$$

式中，

T_1、T_2——管道投入使用后第 T_1 年、T_2 年的检测时间，a；

d_1、d_2——第 T_1 年、T_2 年检测出来的最大腐蚀深度，mm；

t——管道初始壁厚，mm；

d_x——管道投入使用后第 T_x 年的最大腐蚀深度。

在实际环境中，埋地管道腐蚀并不是均匀进行的，非均匀腐蚀更加符合管道的实际腐蚀趋势和发展规律。因此，这里采用非均匀腐蚀方法对埋地管道的腐蚀趋势进行预测研究。

（二）基于 PSO-GRNN 的腐蚀深度预测模型

结合前文可知，要想掌握管道腐蚀的发展趋势，至少需要检测两次管道的最大腐蚀深度。此外，埋地管道所处环境参数对管道腐蚀程度影响的复杂性决定了管道腐蚀预测难以采用具有确定函数表达式的模型表述出来。

广义回归神经网络在处理多因素指标时无需了解其内在作用规律，仅需一定量的数据即能自主学习，进而利用训练好的模型进行腐蚀预测。因此，这里采用 PSO 算法和 GRNN 构建不同时间与环境条件下的埋地管道最大腐蚀深度预测模型。该预测模型的基本流程如图 6-11 所示，其建立过程如下：

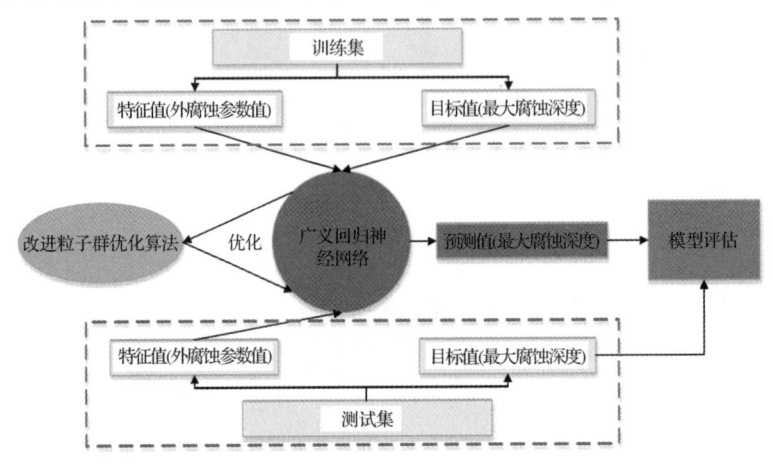

图 6-11 PSO-GRNN 腐蚀深度预测流程

1. 样本数据准备

对于有腐蚀缺陷的薄弱管段，若有 n 段管道样本，其腐蚀因素为 m 个，则定义管段样本特征集 $X = \{x_{ij} | i=1, 2, 3, \cdots, m\}$，样本目标集为 $Y = \{y_i | i=1, 2, 3, \cdots,$

$n\}$,其中 y_i 为检测出的最大腐蚀深度,管道样本集包括样本特征集和样本目标集,对于同一段管道,其样本特征集中的某一条记录与样本目标集中的记录必须一一对应。同时,利用 RS 理论中的属性约简法则,提取出影响管段腐蚀发生的主要特征因素(腐蚀因素),得出管道样本核心指标特征集 $X' = \{x_{ij} | i=1, 2, 3, \cdots, n, j=1, 2, 3, \cdots, m'\}$,其中,$m' < m$。

2. 模型的训练与学习

将管道样本核心指标特征集按照 K 折交叉验证法对训练集与验证集进行划分,为了求出式(6—30)中 a、b 的值,需要检测两次管道腐蚀缺陷样本数据集,分别是第一次检测的最大腐蚀深度数据和第二次检测的最大腐蚀深度数据。因此,需要建立两个腐蚀深度预测模型,其腐蚀深度预测模型的训练步骤与第四章类似,在这里不再叙述。

3. 模型评估

模型验证所采用的性能指标参见前文。这里将第三次检测时的样本特征集作为测试集,用来进行腐蚀深度趋势预测,并为埋地管道剩余寿命预测作铺垫。

(三)腐蚀剩余寿命预测模型

下面将根据管道实际检测数据,结合前文计算得到的管道最大允许腐蚀深度和所建立的埋地管道腐蚀深度预测模型,构建腐蚀管道剩余寿命预测模型。模型构建的基本思路如下:首先,参照埋地管道腐蚀预测模型,确定腐蚀性较强的区域,该区域为发生腐蚀缺陷的薄弱管段;其次,开挖检测这些薄弱管段,求出管道腐蚀缺陷的参数,并选用恰当的剩余强度评价标准,求解各管段的最大允许腐蚀深度;再次,借助埋片试验构建不同时间段的埋地管道腐蚀深度 PSO-GRNN 预测模型,同时参照腐蚀参数检测数据和开挖收集到的腐蚀缺陷数据,给出埋地管道的最大腐蚀深度发展规律;最后,依据此规律和最大允许腐蚀深度预测埋地管道的剩余寿命。管道腐蚀剩余寿命预测模型如图 6-12 所示。

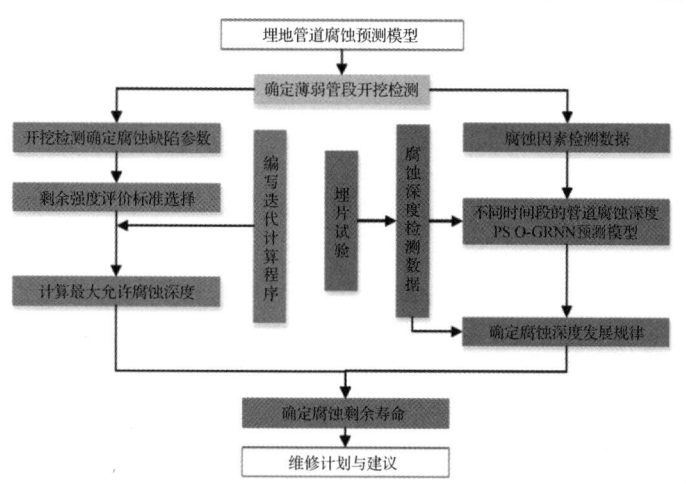

图 6-12 管道腐蚀剩余寿命预测模型

二、海底管道剩余寿命预测

(一) 剩余寿命预测步骤

海底管道的腐蚀剩余寿命预测必须结合实际海底管道运行过程以及不同退化阶段产生的实际腐蚀数据,选取科学合理、切实可行的模型方法进行预测和评价。另外,由于海底管道获取数据困难以及腐蚀情况不容易直接观测等,因此选取适合研究对象的模型就显得尤为重要,模型越符合研究对象,预测结果越接近实际腐蚀情况,故模型的选取和改善十分重要。除了模型选取,也需要良好的预测理论基础作为理论支撑。海底管道剩余寿命预测模型具体步骤如下。

1. 数据的收集与整合

数据的完整性是海底管道腐蚀剩余寿命预测的基础,而数据的准确性则会影响分析与评价的结果。因此,按现有的检测技术和数据处理手段,尽可能完整地收集数据,满足后续预测所需。

此外,随着时间的增长,海底管道在运行过程中产生的数据量会越来越多,因此应对不断产生的数据进行持续、科学的收集,即对收集的数据进行科学合理的整理和维护。应该利用电子管理技术对数据进行有效的储存、分析和整合。

2. 选取、构建模型

根据海底管道的特点、前期收集的腐蚀数据,综合选择一种科学的研究方法,使选取、构建的模型便于海底管道腐蚀数据的处理,并在模型数据处理完整后,将海底管道历史数据与模型处理后的数据进行对比、检验,用以验证模型的有效性并改进提高模型预测的精确度。

3. 模型预测

在前端数据收集、整合好并选取、构建了合适的模型后,将海底管道腐蚀数据代入管道剩余寿命预测模型中,对管道剩余寿命进行预测。

4. 更正模型

模型建立后,将之前收集的海底管道腐蚀数据代入进行计算,并将每次计算后的结果与管道历史数据进行对比分析,找出差异产生的原因。通过对差异产生原因的分析和总结,对模型进行修正和改进,缩小处理后的数据与真实历史数据的差距,通过一次又一次的数据反馈及对模型多方面、逐层次的修正,进而达到提高模型预测精确度的目的。

5. 预测结论的应用

利用海底管道腐蚀数据进行对比分析,总结提炼出预测结果的优势和缺陷,为后续深入研究指明方向,同时对工业生产也能起到借鉴或警示作用。

(二) 海底管道剩余寿命预测特点

海底管道的剩余寿命预测特点如下：

第一，服役环境复杂。海底管道服役环境相较于陆上管道更为复杂，不仅是因为海水富含多种电解质，极易与管道发生化学反应，而且在海水应力的作用下，海底管道会受到各个方向的物理压力。因此，海底管道腐蚀原因来源不一，故针对其腐蚀情况的预测也显得十分困难。

第二，腐蚀状况具有动态转移性、不可观测性。海底管道的服役环境复杂造成了其腐蚀情况的复杂、多变性，海底管道腐蚀情况随着时间动态变化转移且很难直接观测，故其腐蚀状况很难借助传统数学模型直接量化用于研究。

第三，管道全服役周期数据不易获取。由于埋设地点，其全服役周期数据的获取不易，需要借助先进的检测技术进行长时间观测，并设置多个观测点，故短期、快速、全面的获得管道腐蚀数据是其腐蚀预测的一大难点。

而且相对比于陆上油气管道，海底管道的腐蚀失效预测体系尚未建立完备。又由于陆上油气管道腐蚀剩余寿命预测体系首先产生于欧美等发达国家，我国在该理论研究上起步较晚，因此我国管道剩余寿命预测体系建立尚不完善。比如，现有体系仅适用于陆上管道。故对海底管道的剩余寿命预测体系建立，需要更多的理论研究。

(三) 现有海底管道剩余寿命预测模型

1. 灰色模型理论预测海底管道剩余寿命

灰色模型理论主要针对海底管道腐蚀情况信息不完全，即只有少量的信息确定，其特征是研究样本数据稀缺。当数据样本稀缺且未做处理时，无法直接判断其规律时，利用灰色模型理论可对现有的数据样本进行处理以凸显其内部的变化规律。

2. 概率统计方法预测海底管道剩余寿命

海底管道腐蚀情况受海底各类因素的共同作用，管道腐蚀速率不会呈现绝对的线性关系，具有很大的随机性，故利用概率统计方法可以较好的建立模型。但概率统计方法需要大量数据进行计算验证，且海底管道数据不易获取阻碍了概率统计方法在这一领域的研究进程。

3. 可靠性分析预测海底管道剩余寿命

起初，学者利用线性腐蚀模型来模拟海底管道腐蚀过程，建立失效应力极限状态方程用于计算腐蚀管道的可靠性，并最终进行剩余寿命预测。但海底管道腐蚀情况的随机性并不符合一般线性腐蚀模型，故有学者利用幂函数模型和指数函数模型模拟管道的腐蚀情况，与线性模型相比，精度有了一定的提高。

4. 神经网络预测海底管道腐蚀

神经网络是人工神经网络的简称。神经网络将生物神经网络的优点均涵盖在内,具有很强的环境自适应和对外界事物的自学习能力,容错性和联想记忆功能较其他模型都高。

神经网络预测方法多用于管道腐蚀预测和管道剩余寿命预测领域,是使用较多的方法之一。该方法将各种腐蚀因素及腐蚀结果的测定信息构造成神经网络的样本集,通过对样本集训练得到预测网络模型。该模型可以进行管道腐蚀速率的预测,对腐蚀速率按时间进行积分即可得到腐蚀缺陷的尺寸随时间变化的情况。

(四) 考虑维修深度的管道腐蚀增长模型

考虑不完全维修活动干预下的海底腐蚀管道退化情况,其管壁腐蚀缺陷状态会在维修时刻 T_i 被恢复一定数值,随后管壁继续退化。由于不完全维修活动的参与,使管壁的退化具有周期性间断性和腐蚀状态突变性的特点,这是因为不完全维护活动使管壁腐蚀的缺陷深度得到恢复,但随着不完全维修次数的增多,各个维修退化阶段管壁缺陷的腐蚀速率逐渐增大。考虑到海底管道运行环境的复杂性,这里构建了一个非线性维纳过程来描述管道自身持续退化过程为 $X_c(t)$,另外,非齐次泊松分布是学者刻画需求变动最常用的数学模型,已被应用于退化可维修系统随外界作用的规律。因此,可初步认为海底腐蚀管道在每次不完全维修活动作用下引起的管壁腐蚀缺陷深度的变化过程是一个非齐次泊松过程为 $X_d(t)$,每相邻两个连续的不完全维修时刻之间的退化过程用一个非线性维纳过程描述。假设经过 i 次维护后,在 t 时刻腐蚀管道的累计腐蚀深度可以表示为 $X(t)$,

$$X(t) = X_c(t) - X_d(t)$$
$$= X(0) + \int_0^1 \mu(\tau, \theta) d\tau + \sigma_B B(t) - \sum_{i=0}^{N(t)} Y_i \qquad (6-32)$$

式中,

$X(0)$ ——管壁初始退化量,定义为 0;

$\mu(\tau, \theta)$ ——带有参数 θ 的连续非减函数,τ 是一个整体变量,θ 表示腐蚀管道的固有退化率;随机变量 $N(t)$ ($t \geq 0$)是带有参数 λ 的非齐次泊松过程,表示到时刻 t 为止的总维修次数,Y_i 为第 i 次维修由于维护活动引起的管壁腐蚀缺陷深度的变化量,Y_0 为首次维修深度且 $Y_0=0$,其概率密度函数为 $f_Y(y_i, v)$。

正态分布是自然界中最常见的也是最重要的一种分布;伽马分布的密度函数则是一种连续概率函数,伽马分布是概率统计中一种非常重要的分布,已被应用于腐蚀退化系统的描述中。因此,这里假设维修深度分别服从正态分布和伽马分布,即 $Y_i \sim N(\mu, \sigma^2)$ 和 $Y_i \sim Ga(\alpha, \beta)$。维护次数 $N(t)$ 与其每次维护引起的退化量获得量 Y_i 相互独立。扩散系数 σ_B 和标准布朗运动 $B(t)$ 一起描述腐蚀管道退化状态的动态不确定性。

(五) 不完全维修下管道剩余寿命预测

基于随机变量首达时间的概念,腐蚀管道的寿命为退化量首次达到预设失效阈值时的间隔，剩余寿命是指管道从被检测时刻起至发生故障的时间长度。根据式（6—33）可得 t 时刻的寿命函数 T 为：

$$T = \inf\{t: X(t) \geqslant \omega \mid X(0)\omega\} \quad (6-33)$$

式中，

ω——失效阈值。

设 t_{ij} 时刻的退化量为 $X(t_{ij})$，经过 l_{ij} 时间长度，其剩余寿命为 L_{ij}：

$$U(l_{ij}) = U(0) + \int_{t_{ij}}^{t_{ij}+l_{ij}} \mu(\tau,\theta)\mathrm{d}\tau - \sum_{i=0}^{N(l_{ij})} Y_i + \sigma_B B(l_{ij}) \quad (6-34)$$

式中，

$U(l_{ij}) = X(l_{ij}+t_{ij}) - X(t_{ij})$，且 $U(0)=0$，$N(l_{ij})$ 是一个带有参数 λ 的非齐次泊松过程。在首达时间意义下剩余寿命 L_{ij} 等价于 $\{U(l_{ij}), l_{ij} \geqslant 0\}$ 达到阈值 $\omega - X(t_{ij})$。因此，根据式（6—34）获得寿命 T 的概率密度函数后，剩余寿命 $L_{i,j}$ 的概率密度函数可以被推导出来。假设管道运行到 t_{ij} 时刻仍未失效，且当前退化量为 $X(t_{ij})[X(t_{ij}) < \omega]$，则管道的剩余寿命期望值：

$$E(L_{ij}) = \int_{t_{ij}}^{t_{ij}+l_{ij}} t f_{L_{ij}}(l_{ij}) \mathrm{d}t \quad (6-35)$$

式中，

$f_{L_{ij}}(l_{ij})$ —— t_{ij} 时刻对应的剩余寿命概率密度函数。

不完全维修下，腐蚀管道寿命分阶段图，如图 6-13 所示。

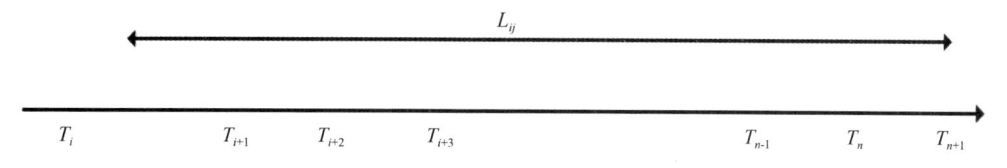

图 6-13　不完全维护下腐蚀管道寿命分阶段图（$0 \leqslant i \leqslant n$）

第七章 管道腐蚀防护措施与对策

第一节 管道腐蚀检测维修方案的确定

一、埋地管道周期的确定

由于我国大多数埋地管道已经进入老化期,管道泄漏事故频率也在不断增加,因此必须对运行管道进行有效的检测,及时发现管道存在的安全隐患,并采取有效措施对管道进行维护,确保管道的正常安全运行。前文已对检测技术进行了详细阐述,这里不再赘述。实际上,埋地管道铺设广泛,地域类型复杂,经常性进行检测发现管道的腐蚀程度,这在人力、物力上是难以实现的。但管道检测周期过长可能会增加管道的风险,降低其可靠性,而检测周期过短,则会造成资源浪费,增加运行成本。因此,从实际情况考虑且又能保证管道的安全运行的情况下,制定合理的检测周期是很有必要的。

(一) 基于 Gumbel 分布的检测周期确定

腐蚀管道最大腐蚀深度服从 Gumbel 分布,管道当前最深的腐蚀缺陷决定了管道的使用寿命。因此,当管道的腐蚀深度达到管道最大允许腐蚀深度时,应该对管道进行修补或者更换腐蚀严重段的管道,同时缩短下一次管道检测的时间间隔。

利用 Gumbel 分布计算腐蚀管道的剩余寿命,是利用公式预测管道的最大腐蚀深度值达到管道最大允许腐蚀深度的关系来确定管道剩余寿命的。但如果将此值作为管道下一次检测的时间间隔,是存在一定的风险,因为这个时间节点是管道已经达到即将失效的临界值。

我国部分管道腐蚀标准中给出了腐蚀缺陷对管道正常运行的影响程度,即管道腐蚀损伤的等级评价腐蚀等级标准,见表 7-1 和表 7-2。

表 7-1 管壁或储罐腐蚀程度评价

级别	轻	中	重	严重	穿孔
最大腐蚀深度(mm)	<1%壁厚	1%~2%壁厚	2%~50%壁厚	>50%壁厚	>80%壁厚

表 7-2　管壁腐蚀程度评价

级别	轻微	轻	中	重
腐蚀深度（mm）	<10%壁厚	10%~20%壁厚	25%~50%壁厚	>50%壁厚

在预测管道剩余寿命的基础上，假定管道预测的剩余寿命为管道的使用寿命，由式（7-1）~式（7-3）计算的最大腐蚀深度达到腐蚀损伤等级标准的管道穿孔作为管道下一次的检测时间间隔，其公式表示如下：

$$T = \left(\frac{80\%D}{x_{max}}\right)^{\frac{1}{0.5}} t \tag{7-1}$$

$$T = \left(\frac{50\%D}{x}\right)^{\frac{1}{0.5}} t \tag{7-2}$$

$$T' = T - t \tag{7-3}$$

式中，

T'——管道的检测时间间隔，a；

t——管道已使用时间，a。

（二）基于可靠性的检测周期确定

前面章节已经介绍了利用可靠性理论对腐蚀管道进行剩余寿命预测的方法。该方法是对整条管道的腐蚀数据进行统计分析，发现管道腐蚀速率与最大腐蚀深度的规律，通过管道在某一腐蚀深度时管道失效的概率超过可接受范围的管道服役时间，从而确定管道的剩余寿命。同时，基于可靠性理论可以确定管道各服役时间的可靠性水平，然后根据风险分析矩阵图确定管道的检测周期。

二、腐蚀管道维修方法确定

埋地管道在服役过程中，由于腐蚀、第三方破坏及其他原因，管道不可避免的会出现管道壁厚变薄、损坏，严重的甚至造成管道穿孔引发泄漏事故，给社会造成严重后果。因此，为了保障管道能够继续安全运行及延长管道的使用寿命，对在役管道经常进行维护和维修工作是非常必要的。

（一）埋地管道修复方法

管道修复是在管道检测出失效或缺陷位置、大小、程度的基础上，给出合理的维修方案。埋地管道修复包含外防腐层修复、管体补强、快速补漏恢复生产、更换管线、内修复等方法。前文的在役管道维修方法中对前四种方法进行了介绍，这里主要对内修复进行阐述。

内修复法与前四种方法相比，操作性更强，对缺陷管道进行内修复时，只需要在腐蚀区域开挖几个工作坑，与外防腐层修复方法相比，其对地面的干扰要小的多。内修复法通常有水泥砂浆内衬法、内涂层法、聚乙烯衬管穿插法等。其中，聚乙烯衬管穿插法修复价格相当于新建目标管线的60%费用。

虽然每种方法都有各自的适用范围，但是每种修复方法的修复费用不同。对于运营公司来说，除了考虑安全性，还要考虑经济性。因此，依据缺陷管道检测结果选择合适的维修方法制定出既安全又经济的腐蚀缺陷管道的修复方案是运营公司极力追求的。

（二）埋地管道修复方法确定

确定何种管道维修策略实现管道运行商的管理目标，即在保证管线在设计工作寿命内的最大腐蚀深度小于满足强度要求的最大腐蚀减薄量的基础上，使管线生命周期内总的维修费用期望最小。管道维修的具体方法主要是依据管道腐蚀状态选择的。

1. 腐蚀管道运行安全界限

管道在设计使用过程中都有一个保障管道安全运行的临界值，如腐蚀深度临界值、运行压力临界值等。在计算管道安全运行界限时，除了要获取管道原始数据，还需要管道的设计参数、管道钢材料力学参数、腐蚀检测数据等。

2. 埋地管道修复方法的确定

管道腐蚀缺陷维修方法主要分为应急性的修补、防腐层和管体分段更新以及整体更换三种。

根据腐蚀管道损伤评价方法，管道的腐蚀损伤程度可以从相对腐蚀深度、纵向腐蚀长度和最大安全工作压力三个方面进行评价，具体评价标准如下：

（1）当管道相对腐蚀深度小于10%壁厚，或者腐蚀长度小于最大允许纵向腐蚀长度时，则不需要对其进行修复，可以继续运行。

（2）当管道相对腐蚀深度大于80%壁厚，则需要更换管道。

（3）当管道相对腐蚀深度大于10%壁厚或腐蚀长度大于最大允许纵向腐蚀长度时，则需要对其进行修复。

其中，当管道相对腐蚀深度大于10%壁厚时，则要根据腐蚀管道最大允许长度来判断管道腐蚀等级，以确定具体的管道修复方法。

若腐蚀管道的相对腐蚀深度和腐蚀长度在10%壁厚和最大允许纵向腐蚀长度的范围内，则不需要修复。

第二节 海底管道腐蚀防护管理

一、海底管道材料的防护技术

从加强海底管道材料自身防腐角度而言，对于处在设计阶段的管道，设计工程师需要根据成本、地域分段挑选合适的管道用材；若是用于长距离的强腐蚀油气田的海底管道，可综合考虑分段使用不同的管道材质以规避全程使用耐腐蚀合金复合管的高经济投入成本；输送油气资源温度较高、腐蚀风险等级高的区域可考虑使用耐腐蚀合金复合管以减弱内腐蚀对管道的影响；设计中也可考虑施加阴极保护，内涂防腐材料等新技术来预防腐蚀隐患。现阶段常常根据海底油气管道的传输介质和服役环境的需求来选择环氧树脂、聚氨酯及环氧粉末等内涂层来遏制内腐蚀速率的攀升，并在一定程度上促进海底管道输送介质效率的提升，同时还可以有效减缓介质中沉积物的生成，降低企业清管的工作量与经济成本。

通常情况下，海底油气管道顺着输送油气介质的方向和距离的增加，温度逐渐降低，直至达到海底管道临界范围内的温度值后，其顶部会呈现较低的腐蚀风险概率，因此针对处于服役状态的管线而言，加注缓蚀剂是控制海底油气管道内部腐蚀的主要途径之一。

从管理者的角度出发，及时掌握管道防腐管理的范围、分工和具体要求，完善管道防腐管理体系，提高精细化管理水平。必须实施严格的管道安全管理责任制，以便所有部门和组织都能树立安全管理责任意识，落实好各项任务的实施，确保设备和管道的生产安全、节约能源与提高工作效率。负责防腐管理工作的技术设备部门需要积极组织并实施防腐工作计划，严格落实重大设备或重要技术的安全措施以及防腐工作的监督、检查和验收工作；积极推广新防腐技术的使用，合理使用金属设备以及非金属材料，并采取合理有效的防腐形式来建立和完善主要设备的防腐蚀档案。监督本部门防腐蚀计划的落实情况，同时，生产部门要及时组织相关人员查找设备腐蚀原因并采取管道设备腐蚀预防措施，定期或不定期对设备的腐蚀情况进行抽检，并及时制定纠正方案解决已发生的问题。操作人员需要严格遵循操作规程，对工艺指标实施严格控制，禁止非法操作和超载操作。在管道服役运营的过程中，管理人员要善于创新安全管理范式，及时建立与完善管道安全事故响应机制，同时重视风险管理理论在管道潜在腐蚀安全隐患中的应用。加强安全管理举措，做好重大腐蚀安全事故的预测、预报及防治工作。在腐蚀安全事故发生时，必须立即采取措施使可能造成的事故危害程度降低至最小，尽可能保障整个管道工程的安全运行。必须责令有关单位对发现的潜在安全隐患高效及时处理，以实现有效的事故预防。一旦发生安全事故，必须加大制裁力度以提高相关人员安全责任意识。与此同时，管理人员在管道系统管理过程中善于归纳总结安全管理技术和经验，进一步加强管理人员之间的合作，努力做到标准化、规范化、制度化的管理模式。

（一）内防腐

海底管道的内防腐蚀措施主要分为两种类型：一种是在管道内加入缓蚀剂，另一种是对管道内壁应用内涂层技术。虽然增加缓蚀剂确实可以有效防止管道内壁腐蚀，而且目前大多数海底管道都采用该方法进行内壁防腐蚀；但是缓蚀剂的配比需要根据实际输送介质的不同进行合理的设计。在内涂层技术方面，目前较为成熟的技术有环氧粉末内涂层技术、液体环氧涂料内涂层技术等。尽管各种内涂层技术的原理不同，但最终都能有效降低管道内壁的腐蚀速率。

（二）外防腐

对于海底管道而言，在采取外防腐措施时，首先应考虑该种措施的防水性能；同时，也必须考虑海底管道的服役时间。目前，常见的海底管道外防腐技术有三种类型，分别是熔结环氧粉末外防腐层技术、3LPE 防腐技术以及衬塑管道技术。熔结环氧粉末外防腐层技术主要用于海底单层管道实施防腐。3LPE 防腐技术可以用于海底单层管道、双层管道以及配重管道实施防腐，所以 3LPE 防腐技术的应用范围相对较广。由于衬塑管道技术的投资成本相对较高，因此一般不用于海底管道外防腐。

（三）阴极保护

常见的海底管道阴极保护技术可分为两种类型：一种是外加保护电流，另一种是牺牲阳极。两种保护技术都是对金属管道施加电子，使其处于电子过剩的状态，从而使管道始终处于负电位的状态，这样金属管道就不容易被腐蚀。但两种保护技术有一定的区别，其中外加保护电流就是对管道施加电流，从而达到施加电子的目的。若海底管道的涂层破损越严重，施加的电流密度就相对越大。

牺牲阳极是将管道与一块活跃的金属材料相连，使活跃金属与管道之间组成原电池；而管道将成为原电池的阴极，在进行电化学反应的过程中，管道作为阴极将会受到保护。一般来说，牺牲阳极的方法更为简单，实施成本相对较低。因此，目前的海底管道基本都采用牺牲阳极的技术进行阴极保护。

（四）使用不锈钢材料

采用不锈钢管道材料，能从本质上解决海底管道的腐蚀问题，从而使海底管道的使用寿命得以延长。目前，最常见的不锈钢材料有 B10/B30 不锈钢、HDR 双相不锈钢等。但使用不锈钢材料建设海底管道的成本相对较高，目前尚未广泛使用。

二、海底管道的维修管理

针对腐蚀作为主要失效因素的海底管道的维修，需要提前确定维修响应时间，即在海底管道剩余寿命终止前确定缺损并完成维修工作。在具体的维修工作中，从立项到审批需要的时间非常长，故对管道的剩余寿命预测工作需要提前完成，这样才能确保维修响应时间，提高管道运输安全性。

（一）加强海底管道定期检测

为确保海底管道的安全生产，尽可能减少管道事故的发生，海底管道管理规范中指出，海洋石油公司需要以 5 年作为一个周期对在役海底管道系统进行全面检测，每一年检测 20% 的海底管道系统，但服役时间超过 10 年的管道检测时间要逐步缩短。如果在管道检测中发现管道出现缺陷、裂纹、变形、穿孔或其他由于腐蚀造成的损伤时，则要根据损伤程度及时确定维修方法，保障管道安全运行。同时，各石油公司应及时更新检测管道数据库，便于日后针对不同海域管线进行安全风险评估。

（二）建立海底管道维修预案

近年，随着我国工业生产的迅速发展，海洋能源开采已经成为获取能源的重要方式，故海底管道敷设长度逐年增加。大量的海底管线受到各类腐蚀因素影响，使用寿命正在不断缩短。根据各海域事故统计，在 1000 km 的管道中，每年有 2% 的管道会出现破损和断裂风险，为降低管道事故发生的概率，应该注意收集管道运行数据，建立管道运行状态数据库，及时检测并确定维修方案。

维修预案需准备的内容主要包括以下六类：

(1) 管道几种损坏类型的维修作业程序。
(2) 施工船舶和所需施工机具。
(3) 各种机械连接器、法兰的储备。
(4) 海水污染的应急处理方案和措施。
(5) 应急组织机构和应急程序。
(6) 专业的维修队伍。

对于突发性的海底管道事故，建立紧急维修预案可以极大地减少施工准备反应时间，机械调动采办周期，从而在极短时间内调动船只和人员进行维修，快速减少断裂管道泄露，减少经济环境损失。此外，国外一些公司经过大量实践证明，准备维修预案可以极大地减少海底管道事故造成的次生危害。

（三）建立专业海底管道检测维修队伍

建立一支专业海底管道检测维修队伍对保证海洋油气田正常生产需要和在役海底管道的正常服役安全非常关键。海底维修是一种集复杂性和专业性于一身的综合策略集合，其不仅要求丰富的作业人员专业工种，而且需要大型维修船舶和仪器，如特种施工作业船、专用水下作业施工机具等。为防止海底管道泄漏事故发生，应建立一支专业的海底管道检测维修队伍，为我国海洋油气工程事业生产、稳产、高产保驾护航。

总之，在管道运输能源的过程中，需要对管道进行腐蚀检测、剩余寿命预测、腐蚀效率计算等，进而为管道运输能源提供保障。这不仅有利于效率的提升，而且可以促进经济发展，在工业生产中也是极为重要的一环。

参考文献

[1] 曹乃宁. 油气输送腐蚀管道剩余寿命预测研究 [D]. 西安：西安建筑科技大学，2016.

[2] 曹昕. 在役油气管道腐蚀预测及预先维修策略研究 [D]. 西安：西安建筑科技大学，2019.

[3] 陈晨. 基于优化的 Grey Markov 模型的油气管道腐蚀失效预测研究 [D]. 西安：西安建筑科技大学，2019.

[4] 陈奔. 直流电车杂散电流对管道腐蚀行为干扰机理及防护研究 [D]. 成都：西南石油大学，2019.

[5] 付禹. 交流电对埋地管道腐蚀形态影响研究 [D]. 青岛：中国石油大学（华东），2017.

[6] 耿玉静. 海底管道泄漏风险评估与维护策略研究 [D]. 西安：西安建筑科技大学，2020.

[7] 郭子淳. 泄漏水管射流冲蚀作用下的城市地下相邻天然气管道风险评估研究 [D]. 广州：华南理工大学，2019.

[8] 胡鑫. 埋地管道杂散电流腐蚀机理与剩余强度研究 [D]. 大连：大连交通大学，2019.

[9] 雷兴国. 承压管道腐蚀监测和安全评定技术研究 [D]. 北京：北京化工大学，2019.

[10] 李炳文. 基于人工智能的某海底多相流管道腐蚀速率预测研究 [D]. 大庆：东北石油大学，2020.

[11] 李郎. 油井管道腐蚀监测系统研究 [D]. 西安：西安电子科技大学，2019.

[12] 李佳峻. 针对海洋环境因素的海底管道风险评估 [D]. 上海：上海海洋大学，2016.

[13] 刘海水. 寒区埋地管道腐蚀缺陷处地震动力响应分析 [D]. 大庆：东北石油大学，2020.

[14] 刘庆钰. 燃气管道腐蚀评估系统的设计与实现 [D]. 北京：北京邮电大学，2019.

[15] 刘凯辛. 基于模糊贝叶斯网络的海底管道泄漏事故风险评估 [D]. 哈尔滨：哈尔滨理工大学，2018.

[16] 刘祎琳．某地区地下燃气管线风险评估及技改方案分析［D］．北京：北京建筑大学，2018．

[17] 裴瑾．基于隐半马尔科夫动态优化模型的海底管道剩余寿命预测研究［D］．西安：西安建筑科技大学，2020．

[18] 宋莹莹．在役海底管道内腐蚀速率预测研究［D］．西安：西安建筑科技大学，2020．

[19] 孙浩．基于大数据的油气管道腐蚀诊断与预测［D］．北京：中国石油大学，2018．

[20] 孙宇．海底管道腐蚀防护状态检测和评估技术研究［D］．大连：大连理工大学，2019．

[21] 王慧．基于光纤光栅传感技术的管道腐蚀监测研究［D］．武汉：武汉理工大学，2017．

[22] 王瑞．海底管道腐蚀失效预测研究［D］．西安：西安建筑科技大学，2017．

[23] 王文辉．埋地管道腐蚀速率预测及剩余寿命研究［D］．西安：西安建筑科技大学，2019．

[24] 颜佳．海底管道内壁腐蚀预测与评估方法研究［D］．大连：大连理工大学，2020．

[25] 杨馥娴．基于灰色理论和神经网络的管道腐蚀速率模型研究［D］．北京：北京化工大学，2020．

[26] 叶琳．埋地管道破坏原因分析及风险控制［D］．北京：北京建筑大学，2017．

[27] 袁飞．埋地管道泄漏自行式应急封堵装置设计及研究［D］．太原：中北大学，2020．

[28] 袁宏伟．基于腐蚀发育预测的海底管道腐蚀评价研究［D］．西安：西安建筑科技大学，2018．

[29] 于雪．基于贝叶斯网络的油田管道风险评估研究［D］．大庆：东北石油大学，2020．

[30] 赵梓艺．油田站间天然气管道腐蚀与防护技术研究［D］．大庆：东北石油大学，2018．

[31] 赵志峰．长输管道腐蚀防护系统安全性动态评价方法研究［D］．西安：西安科技大学，2017．

[32] 赵梦旭．在役油气管道腐蚀失效预测及维修策略研究［D］．西安：西安建筑科技大学，2018．

[33] 张钊．油气长输管道腐蚀预测模型构建及预防方法研究［D］．北京：北京化工大学，2020．

[34] 张曼曼．埋地管道防腐层破损对阴极保护参数影响规律研究［D］．天津：中国民航

大学，2016.

[35] 张平. 不完全维修下海底腐蚀管道剩余寿命预测与维修策略研究［D］. 西安：西安建筑科技大学，2020.

[36] 张国军. 基于指数法的海底管道风险评估方法研究［D］. 成都：西南石油大学，2015.

[37] 张立军. 交流杂散电流对埋地管道腐蚀机理研究［D］. 大连：大连理工大学，2017.

[38] 张浩. 冻土区含腐蚀缺陷埋地管道安全性研究［D］. 大庆：东北石油大学，2018.

[39] 张益铭. 杂散电流对埋地管道镁合金牺牲阳极腐蚀行为的研究［D］. 哈尔滨：哈尔滨工业大学，2018.

[40] 朱超慧. 高含硫管道腐蚀因素分析与保护对策［D］. 南昌：南昌航空大学，2019.